知財教育の実践と理論

小・中・高・大での知財教育の展開

**日本知財学会
知財教育分科会編集委員会**
［編］

東京　白桃書房　神田

はじめに

日本知財学会10周年記念出版

知財教育の実践と理論
―小・中・高・大での知財教育の展開―

知財教育分科会　担当理事　井口泰孝

　東日本大震災と福島原発事故，さらには欧州の金融危機に関連した日本経済の低迷を克服するには第4期科学技術基本計画のエコシステムによるイノベーションを進める必要があります。そのためには地域イノベーションとともに，産業界の国際競争力の強化に向け，特許権，実用新案権，商標権，意匠権，農林水産業においては育成者権等知的財産権の確立と活用が重要であり，必要不可欠です。

　日本の知財分野の人材育成については，初等中等教育から高等専門学校，短期大学，大学，大学院における高等教育，さらには社会人，専門家を対象としたものまで幅広く行われてきました。特に2006年に政府がまとめた知的財産人材育成総合戦略によって，その体系化が図られてきたが，その後の知財戦略のグローバル化等の環境変化によって，知財人材育成のあり方も見直しが急務であり，産学官民を挙げて懸命に行われつつあります。新学習指導要領に基づく小，中，高校における知財教育もスタートしました。直近の2012年には知的財産戦略本部により知財人財育成プランがまとめられています。

　日本知財学会での人材育成の中で，小学校，中学校，高校，高専，大学での知財教育の在り方を検討する知財教育分科会は，日本中の各地で研究会を開催し，2013年1月現在で25回を重ねてきています。学会10周年を迎え，その記念事業の一環として出版を企画し，多くの先生方のご協力の下に本書が出来上がりました。理論については今後とも検討を重ねる必要があるとも考えられますが，現状での英知をまとめたものです。教育現場で教育を担って

おられる先生方による実践編を充実させております。

　日本の教育が知識を与える要素教育に偏ってきたことを反省し，創造力を養い，コミュニケーション能力を高め，独自に，また，協働で形ある物を作り上げる能力を涵養できるように，社会システムを含めた総合的な学習方法を確立することも急務です。真の教育とは，教員と生徒・学生がともに学び，そこから得た知識と実践での成果をどのように役立たせ，自身の成長・発展につなげ，いかに社会貢献出来るかにあると考えます。

　現在の若い世代が，自ら成長し，社会，さらには世界に羽ばたき，日本の科学技術立国を自信を持って担えるように育ち，育つことを期待し，執筆された先生方に深い敬意を表するとともに，本書が少しでも役立つことを祈念致します。

2013年 3 月 1 日

目 次

はじめに

■第 *1* 章
知財教育とは何か …………………………………… 1

■第 *2* 章
知財教育の動向 ……………………………………… 5

2.1 知財教育の歴史／6
2.2 小・中学校の知財教育の動向／9
2.3 高校の知財教育の動向／11
2.4 高専・大学の知財教育の動向／16
2.5 中国・韓国の知財教育の動向／20
2.6 欧米の知財教育の動向／24

■第 *3* 章
小学校での実践事例 ……………………………… 29

3.1 絵本で発明・特許のしくみを知ろう／30
3.2 リーフレット制作と商標でつくり手側の立場を意識させる知財学習／37
3.3 映像制作を伴う学習活動における著作物の扱いおよび著作権の権利処理／42

■第 *4* 章
中学校での実践事例 ……………………………… 51

4.1 みのまわりのものからアイデアを発見し，アイデアを表現するトレーニングをする／52
4.2 参考資料を明記させ，年度を超えた技術室文化を創る／57
4.3 つくり手の立場から，著作権（知的財産）を考える／62

 4.4 アイデアの創造から尊重のサイクルを体験する発明品構想学習／67

■第 5 章
高校での実践事例 ……………………………………………… 73
 5.1 新商品開発のための市場調査・研究・開発の模擬体験から学ぶ知的財産権／74
 5.2 学校設定科目「知的財産」の実践／79
 5.3 「商品開発」の授業の試行／88
 5.4 工業高校における知財教育の実践／95
 5.5 商業教育における知財教育の実践研究 1 ／ 101
 5.6 商業教育における知財教育の実践研究 2 ／ 107
 5.7 農業高校における知財教育の実践 1 ／ 112
 5.8 農業高校における知財教育の実践 2 ／ 119

■第 6 章
高専・大学での実践事例 ……………………………… 127
 6.1 PBL を用いた高専での知財教育／128
 6.2 教養科目を中心とした高専での知財権教育／135
 6.3 著作権法のダウンロード違法化対応教材開発と実践／139
 6.4 知財全般および著作権法に関する e-learning 教材開発と運用／143
 6.5 全学部生を対象とした大学教養教育における知財教育／148

■第 7 章
知財教育の理論的検討 ………………………………… 153
 7.1 知財教育の体系化の試み／154
 7.2 小学校段階における知財教育のポイント／160
 7.3 中学校段階における知財教育のポイント／162
 7.4 高校における知財教育のポイント／164
 7.5 高専における知財教育のポイント／168

7.6 大学における知財教育のポイント／170

7.7 知財教育における知財取り扱いの留意点／173

■第*8*章
これからの知財教育 …………………………………… 177

資料
　知財教育関連文献・資料リスト
　日本知財学会知財教育分科会
あとがき
索引

本書で使用する略語一覧表

オリジナル表記	各節で使用する略語
知的財産	知財
知的財産権	知財権
中学校技術・家庭科技術分野	中学校技術科もしくは技術科
高等学校	高校
高等専門学校	高専
公益社団法人発明協会，社団法人発明協会	発明協会
一般社団法人日本音楽著作権協会	JASRAC
独立行政法人工業所有権情報・研修館	INPIT
産業財産権標準テキストの有効活用に関する実験協力校	産業財産権実験協力校
特許電子図書館	IPDL

※ただし，文中では法令名，授業名，文献名などの固有名詞はオリジナル表記を使用。

知財教育とは何か

■1．知財教育とは何か

　グローバル化の進展とともに，特許権や著作権等，知財権の重要性が高まり，関連する専門人材の養成も大きな課題となっている。また，従来の専門教育においても，知財権に関する教育の取り組みは広がりつつある。2008年告示の中学校学習指導要領では，従来からの著作権のみならず，知財あるいは知財権の表記が複数の教科に記載された。また，小学校においても，例えば国語での指導事項の中に，著作権についての取り扱いが記載されている。今や知財に関する教育（知財教育）は，工業高校などの専門教科も含めた専門教育のみならず，義務教育，高校共通教科なども含めた普通教育でも扱うべき内容となった。

　そもそも知財とは何であろうか。知的財産基本法によれば，知財とは，「人間の創造的活動により生み出されるもの」「事業活動に用いられる商品または役務を表示するもの」「事業活動に有用な技術上または営業上の情報」の3つで定義される。一方，特許権や著作権などは，知財権として法令により定められた権利または法律上保護される利益に係る権利である。すなわち，知財という概念は，知財権も含んだより広い概念である。知財教育と聞くと特許権や著作権の学習のみがイメージされがちであるが，それだけではない。知財権も含んだより広い概念である知財を取り扱うことも含まれると考える。

　従来，知財教育の目標は，創造性の育成と知財を尊重する態度からなる知財マインドの育成（知的創造サイクル専門委員会，2011）と言われていた。マインドとは一般に，精神や意識を指す。しかし知財を尊重する態度を育成するには，精神や意識のみならず，知財に関する知識や判断力も必要になってくる。また，創造性の育成には，知財を意識することや個人のみならず，集団としての創造性の向上も重要な観点である。さらに，各種の創造的な学習活動により生み出される成果やその学習自体が，知財教育の対象となり得るのである。知財教育は，初等・中等・高等教育さらには社会教育の各段階において実施すべきであり，今後の重要な教育課題の1つであるといえる。

　以上のことから，本書では，「知財権を含んだ知財に関連する学習内容を取り扱う普通教育および専門教育」を知財教育と定義する。

■2．本書の対象とする知財教育

　知財教育自体は，一部の大学等における授業を除き，小・中学校や高校では，独立した教科として存在してはいない。しかし，知財教育は，前述のように幼稚園，小学校，中学校，高校，高専，大学と様々な学校段階において様々な実践が試みられている。本書においても，その一端を紹介していく。

　知財教育を進めるには，こうした各段階において実践・研究を推進していくことが重要である。特に専門教育では，知財権について深く学んでいく必要がある。しかし，専門教育における知財教育は，他の教育に比べ歴史が浅い。他分野に学びつつ，体系化をはかっていくことも必要である。一方，普通教育においては，既存の様々な教科および固有の教科目標が先にある。そこで，普通教育において知財教育を展開するためには，例えば環境教育や情報教育のように，既存教科の目標を踏まえつつ，各教科や様々な学習活動の中に埋め込み，横断的，縦断的に教育内容を関連させていく必要がある。

　現段階においては，知財を扱う学会である日本知財学会の知財教育分科会においても，これら実践や研究を網羅し，体系化するところまでには至っていない。しかし，体系的な知財教育構築の足がかりとして，本書では，未成年を主対象（小学校から中学校，高校，高専および大学の教養教育。ただし，一部高専専攻科も含む）とした知財教育を中心に，代表的な実践を紹介するとともに，その体系化に向けた理論的な検討も試みることとする。

■3．本書の構成

　本書は，図1－1に示したように，知財教育の動向，知財教育実践，知財教育の理論的検討，資料の4つで構成している。知財教育実践では，小学校から高専・大学まで，学校段階毎に構成している。また，それを踏まえた理論的検討においても，知財教育のポイントや留意点を学校段階ごとに構成している。

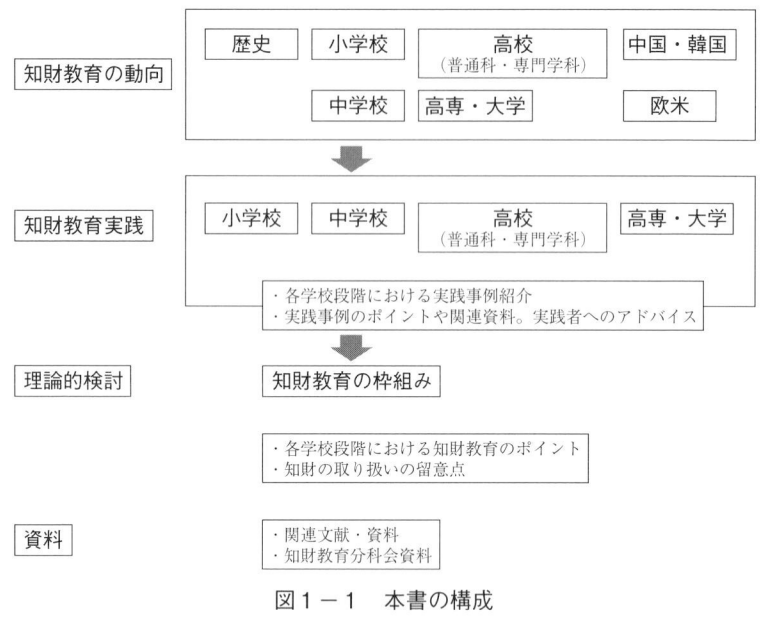

図1-1　本書の構成

(村松浩幸)

参考文献

知的創造サイクル専門調査会「知財人材育成総合戦略」 http://www8.cao.go.jp/cstp/tyousakai/ip/haihu29/siryo5.pdf（2011/12/22最終確認）

知財教育の動向

2.1 知財教育の歴史

「知的財産」や「知的財産権」という用語は2002年に出された知的財産基本法第二条で定義された。また簡略形の「知財教育」の元である「知的財産教育」という用語は，内閣知的財産戦略会議が同年に出した知的財産戦略大綱において使われている。このように，用語としての知財教育は新しいものである。知的財産戦略本部の専門調査会の1つである知的創造サイクル専門調査会が06年に出した「知的財産人材育成総合戦略」において知財人材は,「知的財産専門人材」（狭義の知財人材),「知的財産創出・マネジメント人材」（広義の知財人材),「裾野人材」の3種類に大きく分類されている。最後の裾野人材は「知的財産に関する一般的な知識を保有することが期待される人材，知的財産を将来創造することが期待される人材等」となっており，知財教育はこれに資するものと言える。

以上のように知財教育という新しい括りのもとに,新しい学習指導要領（告示中学校2008年，高校09年）では複数の教科で知財権の記述が見られる。しかし，知財教育の要素である創造性育成や著作権に関する記述は以前より存在する。その変遷の例として，中学校技術家庭科の学習指導要領で関係する記述を抜き出したのが表2−1である（アンダーラインは著者が追加）。1998年には著作権，2008年にはさらに知的財産という用語が現れ，記載内容も増えていることがわかる。

こうした学校の取り組みを支援するものとして文化庁は1996年からコンピュータ等を使いはじめる段階にある生徒が著作権について学習できるよう，分かりやすい著作権読本を作成し，全国の中学校等に配布している。2003年度から10年度までは小学校から高校向けに「著作権教育研究協力校」の事業を実施した[1]。また,特許庁は産業財産権に関するテキストを1998年度より提供し，これを用いた専門高校と高専向けに「推進協力校事業」を2000年度から開始した。この事業は11年度からはINPITの「推進協力校事業」[2]に継

表2-1　知財教育変遷の例

改定年度	記載内容
1988	進んで工夫し創造する能力と実践的な態度を育てる
1998	進んで工夫し創造する能力と実践的な態度を育てる 個人情報や著作権の保護および発信した情報に対する責任について扱うこと
2008	進んで生活を工夫し創造する能力と実践的な態度を育てる 著作権や発信した情報に対する責任を知り，情報モラルについて考えること 情報通信ネットワークにおける知的財産の保護の必要性についても扱うこと

承されてきた。

　コンクールの形式で教育をサポートするものとして，発明協会による「全日本学生児童発明くふう展」[3]がある。この取り組みは執筆時点（2012年）で第70回を数える歴史のあるものである。高校生，高専生および大学等の学生向けには文部科学省，特許庁，日本弁理士会，INPIT主催の「パテントコンテスト」（02年度より）および「デザインパテントコンテスト」（09年度より本格実施）がある[4]。

　知財教育は複数の教科にかかわるものであるが，どの段階で，どの教科で，何を，どこまで，相互に連携させつつ，いかにシステマティックに教えるのか，またその手法はどのようなものが適切なのかは明確ではなかった。2001年度以降になって，特許庁の大学支援事業や文部科学省の現代的教育ニーズ取組支援プログラムの枠組みの中で，義務教育段階を含めた知財教育のあり方の理論的，実践的な研究が進められ，いくつかのモデルとともに多くの実践例が示された。こうした取り組みは09年の事業仕分けによりトーンダウンすることとなる。著作権についての教育の推進は文部科学省／文化庁が行うことでブレはないが，産業財産権についての教育の推進は特許庁か文部科学省のどちらが主導で行うのかは，なお曖昧なままとなっている。

　知財教育の普及推進を目的にして2007年に日本知財学会の1つの分科会として知財教育分科会が設立された[5]。この分科会では教育学の研究者だけではなく，学校現場の教職員や生涯学習・社会教育に携わる方々を含めて議論

が進められている。その活動については，巻末資料を参照されたい。

(松岡　守)

注
1) 著作権教育研究協力校　http://www.bunka.go.jp/chosakuken/hakase/houkokusho.html（2012/12/22最終確認）
2) 推進協力校事業　http://www.inpit.go.jp/jinzai/educate/coop/index.html（2012/12/22最終確認）
3) 全日本学生児童発明くふう展　http://koueki.jiii.or.jp/hyosho/gakusei/gakusei_yoko.html（2012/12/22最終確認）
4) パテントコンテストおよびデザインパテントコンテスト　http://www.inpit.go.jp/jinzai/contest/ index.html（2012/12/22最終確認）
5) 知財教育分科会　https://www.ipaj.org/bunkakai/chizai_ kyoiku/index.html（2012/12/22最終確認）

2.2 小・中学校の知財教育の動向

■1．小・中学校における教育課程外での知財教育の概要

　小・中学校における知財教育は，近年大きく動いてきている。そこで本節では，小・中学校の知財教育の動向について概観する。

　従来の小・中学校での知財教育は，日本弁理士会による出前授業などが中心であった。この出前授業は，弁理士の社会奉仕活動として実施され，小・中・高校において，各都道府県で年間90回以上実施されている。特に小学校では，発明や特許制度の仕組みおよび弁理士の仕事内容を理解してもらう授業を多数展開している（川村，2011）。また，社会教育として，発明協会による少年少女発明クラブは，1974年の開始以来，全国の都道府県に設置され，活発に活動がなされている。同協会の主催する「全日本学生児童発明くふう展」も70年以上の歴史がある。このように学校の教育課程外あるいは出前授業の形での知財教育は，様々に展開されてきた。今後の知財教育を検討する上で，これら取り組みから学ぶべきことは多々あると考えられる。

■2．小・中学校における教育課程内での知財教育の概要

　学習指導要領は，文部科学省が告示する教育課程の基準であり，各教科等の目標や大まかな教育内容を定めている。2008年告示の学習指導要領において，小・中学校ともに，知財に関する記述が増加した。学習指導要領に記載されるということは，各社の教科書にも記載され，指導内容として公的に推進されるということでもある。

　例えば，小学校では，総則において，情報モラルの指導の中で知財権について記述されている。そして，道徳では情報モラルの内容の中で著作権について取り上げられている。また，国語でも引用の仕方に関連して著作権について取り上げられている。一方，中学校では，音楽や美術，技術科などの複

数の教科で知財に関し記載されている。特に技術科においては著作権のみならず，産業財産権により踏み込んだ内容や，アイデアの表現等も取り上げるようになってきた。そのため，今が知財教育を広げるチャンスでもある。

　小・中学校での知財教育の中でも最も比率が大きい著作権の学習は，文化庁をはじめ関連団体の啓発・推進活動も大変強力であり，教材や指導法も充実している。著作権以外の知財教育を考える上で，著作権教育の取り組みは大変参考になるであろう。

■3．中学校技術科での知財教育の例

　著作権以外では，技術そのものを教育内容とする技術科の実践や研究が充実してきている。教科書を見ても，産業財産権の説明が詳しくなっただけでなく，日本の十大発明や特許，技術開発に関するコラムも増えて来ている。また，アイデア発見やアイデア表現等，広義の知財についても取り上げられている。これから最も展開が期待される教科でもある。

　技術科における象徴的実践として，ロボットコンテスト（ロボコン）における模擬特許実践が挙げられる。これは，ロボット製作上でのアイデアを模擬的な特許として申請し，認められると試合のポイントあるいは材料との交換により，発想の動機づけを高める実践手法である。審査を通らないとポイントが得られないために，生徒らはアイデアを考案するだけでなく，より適切に表現することに力を注ぐ。そこで知財制度の重要性，知財の尊重を体験的に学ぶ。従来の知財教育が講義や工作教室に偏りがちだったのに対し，特許制度を模擬する形で体験的に学ぶ学習手法は効果的である。さらなる実践の発展・普及が期待される。こうした体験的学習法は，ロボット以外にも広がりつつある。特にアイデア表現は，言語力育成という学力問題にも関連することから，発明を言語化する特許の知見が活用できる内容でもある。

（村松浩幸）

参考文献

川村武（2011）「知的財産支援センターにおける知財教育」日本弁理士会『パテント』第64巻第14号，pp.1-7

2.3 高校の知財教育の動向

■1. 実験協力校事業のはじまりと経緯

　高校における知財教育は，現在の「知的財産に関する創造力・実践力・活用力開発事業」(以下，開発推進校事業)(特許庁／INPIT)の経緯や現状，そしてこの事業に参加した学校の取り組みとの係わりを抜きにして語ることは出来ない（表2－2）。

　1997年に工業所有権標準テキスト『特許編』(現在の『産業財産権標準テキスト（特許編）』[1])が特許庁より発刊され，工業高校生に無償配布された。そのテキストの活用を図るために2000年に「産業財産権標準テキストの有効活用に関する『実験協力校』事業」(以下，実験協力校事業)(特許庁)が始まった。その後，標準テキストは，意匠編・商標編(1999年)，流通編(2000年)

表2－2　実験協力校事業・推進協力校事業・開発推進校事業実施実績一賢表

	2000	2001	2002	2003	2004	2005	2006	2007	2008	2009	2010	2011	2012	延べ合計	経験校数	全国対象校総数	実施率(％)
工業高校	17	49	64	57	54	54	44	39	23	25	34	39	48	547	218	565	38.6
商業高校	-	-	7	17	23	21	31	23	10	10	13	11	21	187	96	697	13.8
農業高校	-	-	-	7	17	22	18	13	9	6	12	10	13	127	57	332	17.2
水産高校	-	-	-	-	-	-	-	-	2	3	5	10	5	44	11.4		
高校小計	17	49	71	81	94	97	93	75	42	41	61	63	87	871	376	1638	23.0
高専	-	5	16	15	15	14	13	14	9	15	17	15	13	171	47	57	82.5
全計	17	54	87	96	109	111	106	90	59	56	80	77	100	1042	423	1695	25.0

注1．2000～10年は，実験協力校事業・推進協力校事業。11年からは，開発推進校事業
　2．対象校数は，2011年度文部科学省統計，全国対象学科数の合計。小計・全計は，対象校集計単純合計
　3．INPIT（2001）p.22に一部追記

が発刊，06年には産業財産権4権だけでなく著作権や育成者権なども含めた知財権全体を網羅する標準テキスト「総合編」が発刊された。04年には，標準テキスト「特許編」に準拠した教師用の指導書として『産業財産権指導カリキュラムと指導マニュアル(特許編)(以下，指導カリキュラム指導マニュアル)』が発刊され，指導法や各校の実践事例が紹介された。そして，標準テキスト「総合編」のテキスト発刊後には，このテキストにあわせた『指導カリキュラム指導マニュアル（総合編）』も発刊され，その中で初めて体系的な知財教育の進め方や知財教育の3つの学習領域（体験的学習・創造性学習・知財権学習）とその展開の仕方並びに事例が示された。

これらの5つの標準テキストと，2つの『指導カリキュラム指導マニュアル』[2]を活用して，実験協力校事業は，開発推進校事業として内容を充実しながら発展的に継続され，工業高校からスタートしたこの一連の事業は，高専，商業，農業，水産と参加校の幅も広がり，参加校数も現在まで延べ1042校（経験校数428校）となり，知財教育の定着と発展に大きな役割を果たしていることがわかる。

このような知財教育が展開された背景には，「科学技術創造立国」（科学技術基本法1995年）や「自ら学び考える教育（生きる力）」（中央教育審議会答申1996年）で示された通り，いわゆる単なる知識重視から「思考力や判断力を育てる教育」がこれまで以上に求められるようになったことがある。1999年告示2003年度実施の高等学校学習指導要領では，教科「工業」科目「工業技術基礎」において"工業所有権を簡単に扱う"ことが示された。また，02年には，知的財産基本法が制定され，この基本法に基づき政府が03年から毎年出す推進計画では，知財モラルやマインドの普及啓発や人材育成についてその方向性が示されている。

17校の工業高校からスタートした一連の事業の参加校の動向を見るときに，3つに区切って考えることが出来る。2005年までの参加校が111校と増え続ける第一期（2000～05年）。これを境に，2009年までの参加校が減少し56校となる第二期（06～09年）。そして，再び参加校が増え，2012年には100校となる第三期（10年～現在）である。

第一期は，参加校では，特許権取得を最終の目標とし，制度学習と合わせ

て特許出願を目指したテーマでものづくりなどを行っていた。しかしながら，実際には，制度学習から特許権取得を目指す学習の展開は生徒にとってとても難しく，珍しさや新鮮さがある反面，何をどのようにするのかを試行錯誤する学校が多い時代でもあった。そのひとつの現れとして，2005年を境に参加校数が減少することになる。

　第二期は，参加校が減少する中で，前述のように，『指導カリキュラム指導アニュアル（総合編）』によって，知財教育の体系的な学習方法や実践例が示された時期でもある。2009年まで参加校数は減少する一方，教育の中身としては，知財制度の概要学習を着実に行いつつ，それを効果的なものにするためにも，知財が持つ本来の姿（創造の喜び，社会的に寄与する意義，自他の尊重など）を，体験的・創造的な学習として取り入れ体系的な知財教育を目指す学校が出始めた。参加校数が最も減少した09年には，このような体験的・創造的な学習の実践事例が全国の参加校から出てくるようになった。

　第三期（2010年〜現在）は，創造的・実践的な学習の取り組みが，多数を占めるようになった。その中身は，日常の教育活動の中に有機的に組み込まれた事例や，専門教科・科目と不可分に結びついて教育効果を高めている事例，地域や産業界と連携した事例等，各校の特色を活かした多様なものとなっている。また，その中で生まれた知財を権利化して知財活用する事例も報告されるなど，先進的な取り組みを行う学校が出現している。

　2009年告示13年度実施の新高等学校学習指導要領では，総則の中で，現行の学習指導要領が「基礎的・基本的な内容の確実な定着」を柱としていたのに加え，「課題を解決するために必要な思考力，判断力，表現力，その他の能力をはぐくむ」ことが謳われた。これは，今後の知財教育の推進にとって根幹となるものである。また，教科・科目ごとに見ると，共通教科である教科「情報」「芸術」でも情報モラルや著作権の保護など知財を学ぶことが示されており，「農業」「工業」「商業」など専門教科においては，知財を具体的に学ぶことが複数の科目で示されている。13年度以降は，これまでの取り組みにまして専門高校だけではなく，普通高校などあらゆる高校で知財教育の推進が求められ，喫緊の課題となっている。

■２．現在の高校の知財教育

　この 12 年間の試行錯誤の取り組みの中で常に継続されてきたのは，教室で生徒と向かい合うことであり，その取り組みをベースに教材や教案が形作られてきたことである。そして，高－高間の連携はもとより，全国の各地域との連携や小・中学校への出前授業，各地域の大学や企業などとの産学公連携も行われ，学校の中だけにとどまらず地域産業の活性化に大きく貢献しているものも多い。そのように成果が目覚ましく出ている学校では，各校の専門教育の目指す方向がしっかりしており，その中に知財教育が有機的に取り入れられ，組織的な指導の仕組みづくりや知財教育の重要性を日常の教育活動の中で認識できるように"見える化"をし，校内教職員間での知財教育への理解が進んでいるところにポイントがある。

■３．知財権取得の成果と課題

　知財学習を進めれば，やがて権利の取得と向かい合うことになる。そもそも学校教育における知財教育の要諦は，「知財の理解と活用が出来る創造性豊かな生徒の育成」であり権利化が目的ではない。しかし知財教育実践が深まるにつれ，学校においても，一般的に権利化がなされたり，それをどのように取り扱うのかという活用体験がなされる時代が近づいている。

　2012 年 7 月時点の調査で，特許権 55 件（高校 31 件・高専 24 件），意匠権 30 件（高校 29 件・高専 1 件）を全国の高校生や高専生が取得している（図 2－1）。国と弁理士会の事業で行われているパテントコンテスト，デザインパテントコンテストの取り組みが全体を支援していることもあり，各校の取り組みが模擬的な知財権の体験学習にとどまらず，本物の権利取得からその活用に至る過程そのものが知財学習のベースの１つになっている。商標は，特許権や意匠権に比べてわかりやすい教材として商業高校や農業・水産高校を中心として取り入れられている。商品開発と合わせて商標の登録事例も増えており，2008 年に商業高校で 34 件という調査結果も示されている。その後も登録件数は増えている。

　このような創造力・実践力・活用力を育む知財学習を通した取り組みが，

権利化の事例は，確実に増えている！

高校での特許取得などの状況（2008.1 現在）（㈶工業所有権情報・研修館）
　　　　　　　　　　　　　（特許14　商標2　育成3）（指導マニュアル掲載）
生徒が開発した商品などの商標登録状況（2009.3 現在）（校長協会関係調査に基づく）
　　　　　　　　　　　　　　　　　　　　　　　　　　（商標34件　意匠2件）

高校・高専での特許取得などの状況（2011.7 現在）（全国知財・創造教育研究会）
　　　　　　　　　（高校＝特許26　意匠14　育成10　高専＝特許22）
　　　　　　　　　　　　　　　　　　　　　　　　　　　　　[合計 72]

高校・高専での特許取得などの状況（2012.7 現在）（全国知財・創造教育研究会）
　　　　（高校＝特許31　実用新案2　意匠29　育成10　高専＝特許24　意匠1）
　※（注意）商標は多数の学校で登録事例有り（集約をしていない）　　[合計 97]

図2−1　高校・高専の特許権・意匠権の取得状況の変化

権利化を通して学校から社会に出て行く機会がますます増えてくることは間違いなく，一歩ずつ実践を進めながら，生徒の権利の保護と有効な活用支援のあり方などを含めて検討をすすめる必要がある。

（篭原裕明）

注
1）　このテキスト類と指導書は，現在INPITより発刊。
2）　同上。

参考文献
INPIT（2010）『産業財産権指導カリキュラムと指導マニュアル（特許編）』INPIT

2.4 高専・大学の知財教育の動向

■1. 高専の知財教育の動向

　高専は，大学の教育システムとは異なり，技術者を養成するため，中学校の卒業生を受け入れ，5年間の一貫教育を行う高等教育機関として設置され，現在，国立高専51校と公立・私立4校がある。高専には，5年間の本科の後，2年間の専門教育を行う専攻科が設けられている学校がほとんどである。

　高専では，幅広く豊かな人間教育を目指し，一般科目と専門科目をバランスよく学習している。実験・実習を重視した専門教育を行い，大学とほぼ同程度の専門的な知識，技術が身につけられるよう工夫しているのが特徴である。そして，高専の卒業生の約6割が企業等に就職し，残りの約4割が専攻科や大学に進学するか編入学する。

　高専入学時から5年間，あるいは7年間一貫教育において知財教育をすることが有効であることは明らかであり，また，技術者を育成する教育機関としても不可欠である。

　知財教育の現状を知るために国立高専を対象に調査した結果，全国の高専で知財教育が実施されていることが明らかになっている。知財教育が実施されている時期（本科，専攻科）は，約65％の高専で本科と専攻科の両課程で知財教育を実施しているが，約20％の高専では本科のみで知財教育を実施し，残り15％の高専が専攻科のみで知財教育を行っている。その内容は高専ごとに異なる。多くの高専では，1～3年生の高校に相当する学年では，知財マインドを醸成するための内容が多く見受けられるが，学年が進むと専門科目と研究の関係から産業財産権，特に，特許権に関する内容が多くなる。しかし，1～3年生の低学年では，知財教育はあまり実施されず，知財教育の体系が確立されていないことがわかる。さらに，専攻科のみで知財教育を実施している高専は，より専門的に産業財産権や法律に関する内容を実施してい

る学校と特許権だけを対象にしている学校に分かれる傾向がある。

　具体的に知財教育を実施している科目を見てみると，知財を科目名として実施している高専は少なく，法学や従来科目に知財教育の要素を入れた授業を行ったり，技術者倫理等の科目で知財教育を実施している高専が多い。このように，知財教育の科目を充実するだけではなく，従来科目の中に知財教育を取り入れることも知財教育の普及や展開に有効であると言える。

　正規の授業以外にも多くの高専で知財教育が実施されている。その例としては，INPITの推進協力校としての活動，学生の課外活動である発明研究会の活動，文部科学省産学連携戦略展開事業での知財教育の実施，ロボットコンテスト等のコンテストの知財教育としての活用，そして，パテントコンテストの参加である。

　今後，国立高専における知財教育の動向として，モデルコアカリキュラム（試案）において知財教育の項目が明記され，各国立高専において知財教育の質の保証と実施化が求められることになると考えられる。

■2．大学の知財教育の動向

　大学の知財教育としては，工学等の研究者の卵向けや，法律家養成のための専門教育としての知財教育を行っているところもあるが，ここでは特に教養教育を含めて実施している大学のいくつかの例を示す。なお，第6章第4節にも三重大学の例が示されている。

東海大学・東海大学短期大学部：東海大学は，創立者松前重義博士が「無装荷ケーブル通信方式」の発明者であることもあって，2001年に，「学校法人東海大学知的財産憲章」[1]を制定した。憲章の目的には，「大学の構成員が創出する知的財産が人類の発展と平和に貢献することを希求」する旨が述べられている。さらに，大学による知財権の保有，知財権利化の奨励による研究の活性化，知財を生み出し活用する人材育成を志向した教育の向上，そして知財の有効移転による地域社会と国際社会へ貢献することを宣言している。

　そのため，東海大学では，大学にとって知財が重要であることは当然のことと考えられている。学部や短期大学のレベルでは，この創立者の建学の精神を具現化した「現代文明論」というすべての学部と短期大学の学生の必修

科目で「知的財産とは何か」というテーマの授業を行っており，全ての学部性が履修可能な副専攻として「知的財産法」を設けている。また，東海大学における知財教育は，創造性教育と内的起業家精神教育としての知財教育を初等教育，中等教育そして高等教育まで展開している。このような東海大学における一連の知財教育は，フィンランドの「バーサモデル」を元にしており，知財教育東海大学モデルと呼んでいる[2]。

山口大学：山口大学は，文部科学省の現代的教育ニーズ取組支援プログラム（現代GP），「理工系学生向け実戦的知財教育（2005 ～ 07年）」や「教職を目指す学生への実践型知財教育の展開（07 ～ 09年）」等の成果として，教養教育から大学院教育まで知財教育を実施している。学部共通教育「知的財産入門（後期2単位）」，工学部専門教育「知的財産権論（2単位）」，大学院科目「知的財産権論（1単位）」等の科目開設や，専門職大学院で社会人向けに体系的知財科目を開設している。また，教育学部の技術教育課程では，教員用に知財教育手法を学ぶ科目を体系的に設定している。さらに，教育支援システムとしてmoodle上に内製化した知財教育用動画コンテンツと学習確認問題等を配置したり，独自の特許検索システムを開発して学生が学内外から特許情報をCSVファイルでまとめて取得し，マッピングができる環境を整備済みである。なお，平成25年度から1年次共通教育の必修科目として「科学技術と社会（1単位）」が開設される。

大阪大学：大阪大学は，社会科学系の教員により設立された知的財産センター（IPrism）[3]を中心に，全学共通教育（1回生），法学部専門科目（学部生），大学院科目（高度副プログラム），知財専門家養成大学院科目を開設している。教育支援システムとして，e-learningや受講生の学習ポートフォリオによる指導システム等を運用している。

大阪教育大学：大阪教育大学は，2005年度文部科学省「現代的教育ニーズ取組支援プログラム（現代GP）」の採択を受け，07年まで3年間，「知財教育のできる教員養成システムの構築―連携による知的創造サイクルと学校教育の結合―」というテーマのプログラムを行ってきた。文部科学省の支援の終了後も，個々の教員の担当授業の中で継続して知財教育を行うとともに，教養基礎科目および教職教養科目での知財教育を継続して行ってきている。教

養基礎科目では，前後期それぞれ1コマずつ「知的財産権入門」を開講しているが，1回生のみならず上級生も受講し，学生の関心の高さを示している。内容は，特許権から著作権までの知財権の基礎の概説である。専門科目である教職教養科目では，毎年夏期休み期間内での集中において，「著作権と学校教育」を外部講師により1コマ開講している。学校教育で重要な著作権の基礎が学べるもので，こちらも年々受講生が増加しつつあり，学生の間で定着しつつあると考えられる。

(松岡　守・谷口牧子・本江哲行)

注
1) http://www.u-tokai.ac.jp/about/collaboration/policy/policy01.html（2012/12/22最終確認）
2) 情報提供は東海大学ロースクール角田政芳教授による。
3) http://www.iprism.osaka-u.ac.jp/center/system.html（2012/12/22最終確認）

2.5 中国・韓国の知財教育の動向

　この本の各所に記載されているように，日本国内においては様々な形で知財教育が展開されている。それは他国も同様であり，そのすべてを調べ網羅することは容易ではない。以下は筆者らが調べえた範囲での報告であることをお断りしておく。本節では知財についても大切なパートナーである中国・韓国について示す。いずれは日中韓で手を取り合い，アジアでの知財教育をリードしていきたいという願いが込められている。

■1．中国の知財教育の状況

　中国はなお違法コピーが目立つ国であることは否めないが，それを打破し，知財立国を目指した教育の取り組みが進められつつある。2007年に中国政府は「百・千・万の知的財産人材プロジェクト」を発表した。これは11年から15年の中国第十二回五年計画の間に，各国の知財法をマスターし，国際ルールを熟知した高いレベルの学術的指導者を200名，知財マネジメントと特許審査などの各分野の高レベルの担当者を約2000名および，企業，国家機関ないし特許事務所で知財業務に従事する専門人材約3万名を育成することを目的としたもので，大規模に知財専門人材を育成しようとしている。

　初等・中等教育についても都市部においてモデル校を選定し，先進的な取り組みが進められ，さらにその取り組みを近隣の学校に広めようといった動きがある。筆者は2007年に天津市知識産権局の指定するモデル校の1つである天津市実験中学（中1～高3までの6年一貫教育校）を訪問し，聞き取り調査をした。その結果，①中1，高2の生徒全員に知財に関する授業を年間20時間実施している，②他の授業でも知財教育を実施し，それを「浸透教育」と称している，③興味のある学生を中心にした発明創造サークルがあり，「全国中学生科学技術創新成果展」（発明創造コンテスト）に向けた活動をしている，とのことであった。また12年に訪問した重慶市で，西南大学付属中学

校の先生方にうかがったところ，①学校に知財を教える専門の教師はいないが，代わりに情報・技術の教師が教えている，②小発明，小論文，小ものづくり，小研究の4種の取り組みで知財教育を進めている，③授業で生まれた良い発明については実際に特許申請を行う，④実際に製品化されているものも複数存在する，とのことであった。特許申請に要する経費は通常3000元（4万円程度）であるが，市や区が補助する結果，生徒が支払うのは200～300元，維持費も100元／年と負担の軽減措置がある。

　先に触れた全国中学生科学技術創新成果展は，大学生向けの発明コンテストである「挑戦杯」に併催の形で実施されているものである。筆者は2005年に上海の復旦大学で開催された第九回挑戦杯を見学する機会を得た。挑戦杯は2年に一度開催されるもので，第九回は参加大学が香港，マカオ，台湾を含めて430校余り，作品件数が1175件，そのうち283校の701件が各地で選抜され，復旦大学での決勝大会に出場した。決勝大会は政府関係者，企業，報道機関なども含め3000人ほどが集まる大がかりなもので，その一部を占める形で全国中学生科学技術創新成果展が開催されていた。

　天津市も重慶市も省と同格の一級行政区画の直轄市であり，上記のように知財教育，特に発明教育の点では日本以上の取り組みが進んでいる。一方，地方では状況が全く異なり，筆者が訪問した中国内モンゴル自治区のモンゴル民族学校等，すなわち僻地でかつ少数民族の学校等では，知財教育は皆無であった。内モンゴル自治区は豊富な地下資源を有する地域であるが，その有効利用も含め産業発展途上にある。ごく最近まで点在する放牧民に対し，学校教育そのものを十分に行うことが困難であった。最近になって複数の学校を集約し，近隣の子どもたちを除き幼稚園から親元を離れての寮住まいの形式の学校となっている。その中で，これまでは日本の技術科や家庭科に相当する教科で伝統的な民芸品の制作しか行われてこなかったが，今後の産業発展のためには民芸品づくりだけではいけないと，日本の創意工夫を取り入れたロボットづくりの取り組みが内蒙古師範大学を中心に展開されようとしている。

■2．韓国の知財教育の状況

　韓国の教育の特徴の1つに英才教育がある。2001年に英才教育振興法が制定され，小・中学校における英才教育に対する法的な裏づけがされた。そして07年に出された第2次英才教育振興総合計画に基づき，英才教育の1つとして韓国特許庁は各地の発明教室を発明英才学級として活用することとした。その参加生徒数は急増しており，10年には3765人に達している。

　専門高校については専門教育のレベル順にマイスタ高校（28校），特性化高校（470校），総合高校（182校）の区分けがされ，生徒のレベルに応じた専門教育が進められている。マイスタ高校では知財教育専門のテキストを使った授業が行われている。2012年に訪問した大田市の大徳電子機械高校は，発明による創業，特許管理分野の人材養成の特性化高校4校のうちの1高として活動を進めてきた高校であるが，①特許を毎年100件程度申請，②親子発明デイキャンプを夏休みに実施，そして③土曜発明クラブを毎週実施，しているとのことである。

　学校教育関係以外では，国際知識財産研修院，発明振興会，著作権委員会著作権教育院などの知財専門教育機関による教育，国家知的財産教育ポータルによるe-learningがある。このシステムは韓国籍を持ってさえいれば誰でも受講できるもので，裾野教育に大きく貢献しているものと思われる。

　韓国の知財教育はかつて日本の取り組みをモデルにしたとのことであるが，上記のように日本を大きく超えるものへと発展してきている。小学校段階では創造まで，中学校段階では創造＋保護まで，高校段階では創造＋保護＋活用のすべてを指導する，中学校での知財教育は技術科で教える，というように指導内容の範囲や，担当が明確になっていることも合理的である。

　著作権については李（2010）が，韓国における著作権の教育および広報の強化として，①著作権教育の正規教科への反映など青少年向け著作権の認識教育，②年間3000か所余りを訪問する著作権教育の実施および著作権U-learningシステム導入，の2点を挙げている。なお，日本貿易振興機構（Jetro）が発行している韓国知的財産ニュースNo.167（2010年2月11日発行）には「政府は中学校の情報教科の新設を始め，技術教科に関連する内容を取り入れる

など，正規の授業時間を利用した著作権教育も強化する」「文化体育観光部と韓国著作権委員会は昨年，全国の小・中・高校27校を対象に，著作権保護と公正利用をテーマとした教育を実施」といった記述がある。

(松岡　守)

参考文献
李海青 (2010)「韓国の著作権政策の現状と課題」2010著作権保護センター年次報告資料　http://www.bunka.go.jp/chosakuken/kaizokuban/asia_kaigi/02/pdf/korea.pdf（2011/12/22最終確認）
韓国知的財産ニュース(2010)　http://www.jetro-ipr.or.kr/sec_admin/newsletter/ipn1001-167.pdf（2011/12/22最終確認）

2.6 欧米の知財教育の動向

　知財教育の考え方自体が，教育の中で新しいこともあり，他の教育に比べ，比較教育の調査や研究はまだ少ないのが現状である。その中でも先行して実施されている関連調査を踏まえながら，欧米の知財教育を概観する。

■1．米国の知財教育の動向

　本格的に取り組んでいるとされる米国では，わが国の特許庁にあたるUnited Sstates Patent and Trademark Office（USPTO）が知財教育を推進している。ただし，米国は州毎に差異が大きいために，実際に各学校でどの程度実践されているのかなどの実態までは明らかにされていない点は，注意

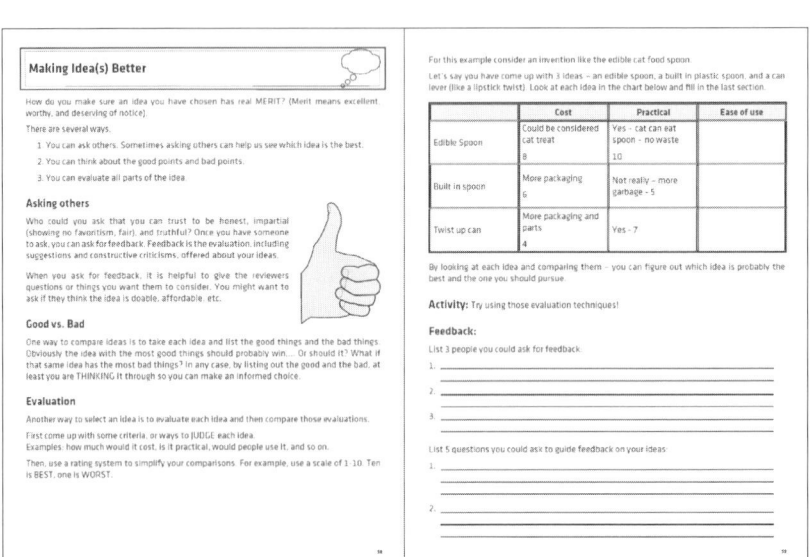

図2－2　米国の小学校での知財教育の教材例
引用：I-CREATM Curriculum "Elementary School Teacher's Resource Guide"（http://www.uspto.gov/web/offices/ac/ahrpa/opa/kids/kid-tm-curriculum.html）

が必要である。「知財教育は発明の才を養成するため、小学校の低学年からはじめ、中間学年までに、特定の科学・技術プロジェクト、特許保護の概念を議論」するなど、創造性と発明の才を喚起することを目的とするのが特徴である。こうした取り組みが、ProjectXLとして推進され、教師向けのガイドブックにまとめられている[1]。カリキュラムは各学年段階に応じて構成されており、特許制度という法律のシステムの学習から、創意工夫のトレーニングまでを一通り体験させることができるようになっている。また、ガイドブックには、特許権のみならず、著作権も含まれている。さらに、知財教育に関する複数の教材も開発されている。

例えば、「発明家を育てる」というコンセプトで実習を重視し、小学生から高校生まで段階的なレベルアップを図るICReaTMという教材や、「子どもの創造性を高める」というコンセプトにより、ゲーム感覚で学べる複数のコンテンツからなるUSPTO Kid's pageなど、様々な教材群がある。これらの教材には、小学校から高校生まで各段階において明確な目標やコンセプトを打ち出し、階層別の教材を開発している[2]。開発に多数のNPOが関与しているのも米国の大きな特徴であると言われている。また、知財教育としてはまとめられていなくても、知財の尊重にかかわる引用のルールや他者の著作物、アイデアの尊重は幼い頃より徹底して教育がなされている。

■2．欧州の知財教育の動向

欧州全体としては、欧州の欧州特許庁European Patent Office（EPO）では、直轄の欧州特許研修所European Patent Academy（EPA）において、主に大学生以上を対象にした知財教育が実施されている。例えば、大学生に対しての知財教育の教材として、The patent teaching kitなどがある。しかし、小学校から高校段階は各国の取り組みに任せている。

各国での取り組みの状況の一例として、横浜国立大学による英国の知財教育の調査（横浜国立大学教育人間科学部，2009）がある。この調査によると、英国では、英国知的財産庁が開発した教材"THINK kit"[3]が80％の中等学校において使用されているという。これはビジネススタディとデザイン＆テクノロジーの２つの教科に対応した教材であり、米国のガイドブックのように

教材紹介や指導計画等が記載されている。また，アイスランドにおいては，基礎学校の第4～7学年の特別教科として設定されているinnovation educationについて，その概要や事例がThorsteinssonらにより報告されている（Thorsteinsson et al., 2005）。innovation educationでは創造的な能力（creative ability）を育成し，独創的な実践力（creative power）と独創的な思考力（creative intelligence）を活用することを目的としている。課題解決の中には，生産物が持つ倫理的な価値（ethical value）に気づかせることも内容として含まれており，知財の学習に近い考え方であるといえる。

図2－3　英国の教師向け指導資料集
引用：THINK kit: Main resource book, UK Intellectual Property Office

一方，知財教育東海大学モデル（川崎，2005）で参考にしているフィンランドのバーサ市で行われている起業家精神教育「バーサモデル」のように，知財も包含する形で起業家教育としても様々な試みがなされている。

■3．まとめ

以上見てきたように，欧米各国では，特許庁などの省庁を中心に複数の教材群が開発されている一方で，創造性教育や起業家教育など，様々な教育内容の中で知財が包含され，実践されている状況にある。しかし，当然，社会・文化背景や教育制度も異なる欧米の取り組みをそのままわが国に導入すればいいというわけではない。欧米や前節のアジア各国の取り組みに学びながら，わが国の知財教育の方向性について検討する必要があることは言うまでもない。

（村松浩幸）

注
1) I-CREATM：United States Patent and Trademark Office　http://www.uspto.gov/web/offices/ac/ahrpa/opa/kids/kid_tm_curriculum.html（2012/12/22最終確認）
2) 三菱UFJリサーチ＆コンサルティング株式会社（2012）「平成23年度今後の知的財産人材育成教材等のあり方に関する調査研究報告書」
3) THINK kit: UK Intellectual Property Office　http://www.ipo.gov.uk/whyuse/education/education-thinkkit.htm（2012/12/22最終確認）

参考文献
横浜国立大学教育人間科学部（2009）「『学校の教育活動と著作権』に関する海外調査報告書　英国における著作権教育カリキュラム教材等に関する調査研究」
Thorsteinsson, Gisli, Howard, Denton Page, T., & Etsuo Yokoyama（2005）"Innovation Education within the Technology Curriculum in Iceland,"『技術・職業教育学研究室研究報告：技術教育学の探求』第2号，名古屋大学大学院教育発達科学研究科技術・職業教育学研究室，pp.1-9
川崎一彦（2005）「福祉と経済を両立させる知業時代の教育システム」『フィンランドに学ぶ教育と学力』明石書店，pp.172-191

小学校での実践事例

3.1 小学校

絵本で発明・特許のしくみを知ろう
小学生を対象とした知財教育の試み

小学校全学年：特別活動・総合的な学習の時間　2時間（基本設定）

● 概要

　小学生を対象とした早期の知財啓蒙教育用コンテンツとして絵本を作成し，「読み聞かせ」の手法を用いた学習を紹介する。また，本学習と組み合わせて実施しているグループワークについてもあわせて報告する。

● ねらい

　知財人材の育成においては，専門人材のみならず，裾野人材を広げるためにも，学校教育における知財教育の充実が不可欠である。知財教育は，早期に開始することが望ましいが，知財を教育する人材が不足しており，また，教育に必要な内容（コンテンツ）が十分にないため，正規の教育として取り込むことが難しい状況にあった。
　本学習は，小学校低学年でも理解できるように知財絵本を自ら開発し，「読み聞かせ」の手法を用いることで，よりわかりやすく伝えていくことを可能とした。さらに，絵本から得る知識だけでなく発明に関する興味を持ってもらうため，「発明・発見」に関するグループワークとの併用で効果をさらに高めている。小・中学校での理科教育や総合的な学習の時間の中で絵本を利用したり，課外活動にてグループワークと連動させた企画を実施したりすることで，「発明・発見」「科学・技術」というキーワードを子どもにより身近に感じてもらうことを目的とした。

● 学習目標

関心・意欲・態度	・発明・発見（科学技術など），および発明者（研究者など）に対する興味・関心を持つ。 ・発明をする楽しみを知る。
思考・判断	・発明者・知的財産を尊重する意識を持てる。
知識・理解	・発明・特許の重要性と仕組みを知る。

● 使用教材

・はつめいでだいごろうをすくえ！～かずくんだいふんとうのまき～

　内容：小学校１年生のかずくんの愛犬，だいごろうが突然病気で倒れる。かずくんは，どのようにしてだいごろうを救うの？　また，その発明をかずくんはどのように町の病気の犬に対して活かしていくのか？（図３－１）

「はつめいってなに」「とっきょってなに」といった素朴な疑問を通じて，発明の本質，並びに特許の本質を盛り込んだ，かずくんとだいごろうの友情ストーリーである。発明，特許出願，施行までが内容に含まれている。

・かずくんVSわるおしゃちょう～とっきょビームをつかっちゃえ！のまき～

　内容：発明の力で，町だけでなく，日本全国の犬たちを次々に救っていくかずくんだったが，発明を悪者に盗まれて思わぬ大損害をこうむってしまう（図３－２）。かずくんは，そして周りの人たちは，このピンチをのりこえられるのか？「特許ってすごい！」「発

図３－１　第１巻の表紙

図３－２　第２巻の表紙

第３章　小学校での実践事例　31

明家ってすごい！」といった，特許の力だけでなく，発明者への尊敬も伝えるストーリーとなっている（図3－3）。その他，特許権実施，侵害，紛争の内容が含まれている。

各巻とも，子どもでも簡単に理解できるように，かわいい絵と楽しいストーリーから構成されてお

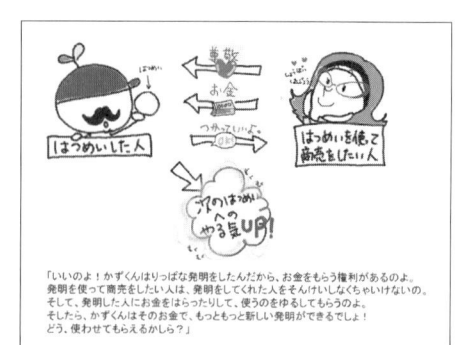

図3－3　特許制度の説明

り，上巻は小学校低学年以上，下巻は小学校中学年以上を読者対象としている。また，実際に読み聞かせを行う大人の知識を補うために，各巻末には弁理士らによる知財関連知識に対する解説が平易な言葉で記述されている[1]。

●実践の展開
〈1時間30分の場合（休憩10分，アンケート記載10分を含む）〉[2]

小学生を対象とした知財教育はまだ一般的ではないが，「特許」「発明」といった言葉を知っている子どもは多い。そのため，最初の導入でこれらの言葉を知っているかどうかについて挙手してもらい，対象者の知識度を確認する。

読み聞かせは，少人数対象の場合には絵本を用いるが，低学年対象の場合は紙芝居形式にて行うと理解が深まる。また，大人数の場合はプロジェクタ

図3－4　読み聞かせの様子

表3－1　読み聞かせの流れ

導入	10分
1巻読み聞かせ	10分
発明発見クイズ	10分
グループワーク導入	10分
休憩	
グループワーク	30分
2巻読み聞かせ	10分
感想・意見交換・まとめ	10分
アンケート記載・解散	

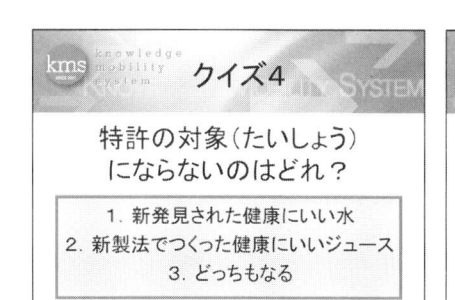

図3-5　発明・発見クイズ

を使って大画面に投影し，スタッフ全員で登場人物を演じることで臨場感を出すと効果的である。声の強弱をつけるなど，読み聞かせに工夫を加えることで，学年を問わずほとんどの子どもが絵本に集中する。

　クイズは通常6～8問用意しており，「世界最年少発明者は？」「日本で特許は1日何個うまれる？」といった数字で答えられる質問や，「この部屋で特許をつかったものはどれ？」といった子どもにとって身近なものから発明の工夫を探してもらう質問を含む。特に，図3-5に例示したクイズは，発明と発見の違いを子どもに理解させるには非常に効果的な質問となっている。

　グループワークの内容はすべてオリジナルであり，対象学年，人数，所要時間，ならびに主催者予算によって異なる[3]。2011年度実施例を表3-2に示す。

　本学習は，絵本を用いて知財知識を習得するだけにとどまらず，クイズで補完知識を得た上で，グループワークにて実際に手や頭を動かすことで発明に向けた楽しさを感じてもらう取り組みを併用することが可能である（図3-6）。その際は，理科が苦手な子どもにもわかりやすく伝わるよう，イラストやアニメーションを多用したプレゼンテーション資料を作成，使用している。

　学習の最後には，スタッフがなるべく全員の子どもから直接感想を口頭で聞くとともに，理解度・楽しさ度などを問うアンケート用紙に回答してもらい，次回の参考とする。

表3-2　2011年度の実施例

タイトル	内容	期待される効果
あじって何？	味を感じる仕組みを理解してもらった後，自然界に存在するミラクルフルーツからミラクリンを抽出した研究者（日本人）を紹介し，実際に酸味のある食べ物と一緒にミラクリンを食べてもらうことで効果を確認する。	実際に研究者が開発した品に触れることで，仕組みそのもの，ならびに研究する研究者の存在を知ることができ，発明をする「人」への興味を喚起する。
よごれを科学する	汚れとは何か，汚れの種類を理解してもらった後，石鹸で汚れが落ちる仕組みを学習し，実際に石鹸をつくってもらう。	自分のオリジナル石鹸をつくることで，発明の原点である手を動かすこと，工夫することの楽しさを知る。
未来の○○をつくろう！	A3の紙に対象となる○○（自転車・車・歯磨き等）を印刷し，それをもとに未来でこれらの対象はどのように発展しているか，またどのような機能があれば便利か，子どもたちとスタッフ（進行）とグループにわかれて話し合い，実際に紙に記載していく。終了後はグループごとに発表する。	想像力をつけ，発明に向けて思考することの楽しさ，ならびに仲間で考えることの楽しさを知る。
宇宙と発明	宇宙食を試食し，宇宙での生活における制約および快適な暮らしに向けた進化の取り組みを紹介した上で，宇宙に行くときに実際に持っていきたいものについてグループで考え，発表しあう。	発明品の歴史を知ることで，先人の努力も理解する。また，現時点における科学の進歩を伝え，そのうえで自分たちの思考力を向上させる。

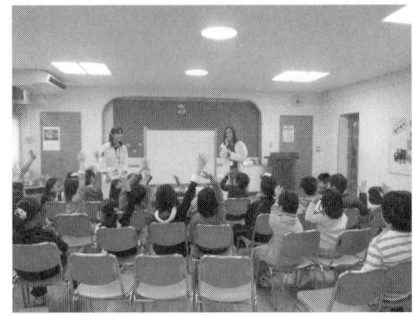

図3-6　グループワークの様子

●実践の成果────────

　2005年以降延べ4000名に対して実施したアンケートでは，「とてもおもしろかった」「おもしろかった」が全体の90％以上を占めた。アンケートの自由記入欄には「発明をしてみたいと思った」「発明をしたかずくんはすごいと思った」（上巻），「人の知財をとってはいけないと思った」「かずくんが次に何を発明するか楽しみ」（下巻）と書く子どもが多数おり，知財知識だけを伝えるのではなく，発明に対する興味や，発明者に対する尊敬の念を抱いてもらいたい，という当初からの目的が達成されつつあると感じている。また，絵本というコンテンツは，今日ではアナログ的手法のように感じるが，知財といった難解に感じられる分野においては，万人にわかりやすく理解を促進させるという点では極めて有効である。また，早期の知財啓蒙教育においては，「特許」という概念を入り口にするのではなく，はじめに「発明」の概念とその価値を子どもたちに伝えることで，特許制度の仕組みや重要性を伝えることができることも明らかとなった。

●実践者へのアドバイス────────

　日本全国には，まだ「発明」の必要性を伝えることのできる人材が必ずしも多いとはいえない。しかし，「発明」「科学・技術」といった，難解な概念や知識を子どもに伝える苦労，そして伝わったときの喜びについては，実際に経験してはじめて得られるものである。従って，双方を体験し，その後伝えていく人材を少しでも増やすことで，結果的には子どもの「科学・技術」離れを防ぎ，新たな視点・視野を提供することができると考えている。

（西村由希子）

注
1）　本活動の実施母体である知識流動システム分科会（略称KMS）は，研究者（主に大学）の知識（広義の意味での知財）や知的成果を適切に一般社会へ発信することに価値があると考え，この架け橋をつくることを目的として，2002年4月20日，知的財産マネジメント研究会(smips)の分科会として発足した。メンバーは，社会人，学生らを合わせて約30人から構成されている。

2) ここで紹介した教材以外に，起業に関する絵本，宇宙に関する絵本，深海に関する絵本などを作成しており，小学校側の要望によっては，これらを上述知財絵本と組み合わせながら，発明・発見への意識を高めるグループワークを行っている。
3) 本概要は，2011年に東京都K区立小学校で実施した内容をもとに記載しており，実施する小学校側の要望によって，時間や内容は異なる。現在グループワークは約10種類用意しており，特定の小学校における定期開催も行っている。

参考文献
西村由希子他（2005）『はつめいでだいごろうをすくえ！〜かずくんだいふんとうのまき〜（かずくんはつめい・はっけんシリーズ−1）』リバネス出版
西村由希子他(2008)『かずくんvsわるおしゃちょう〜とっきょビームをつかっちゃえ！のまき〜（かずくんはつめい・はっけんシリーズ−2）』リバネス出版

3.2 小学校

リーフレット制作と商標で
つくり手側の立場を意識させる知財学習

小学校第5学年：国語・家庭科・総合的な学習の時間　全7時間

● 概要

　リーフレット制作では著作権を意識した情報発信を行う態度を養う実践を行い，さらに，商標の学習では商標の役割を理解させる実践を行った[1]。この2つの実践を通して，知財権を大切にする心情を持たせた。

● ねらい

　本実践は，児童に知財権という考え方を知ってもらい，著作権も含めた知財権および知財を尊重する態度を育成することがねらいである。これまで児童は，「人のつくったものを大切にする心を持つこと」「自分の情報や他人の情報を大切にすること」などを「情報社会の倫理」として学んでいる。しかし，実際に制作活動を行うと著作権を意識せずに活用する場合が多い。そこで，リーフレット制作では著作権の存在を再確認させ，つくった側や情報を発する側の立場になって考えさせる活動を行う。さらに，商標の学習の実践でも，児童に身近な商品のロゴなどに関心を持たせ，商標権の役割やその大切さを理解させるために，商品のつくり手側の立場に立って考える活動を取り入れることとした。

● 学習目標

関心・意欲・態度	・身の回りの知財を尊重する気持ちが持てる ・創造的な活動の中で著作物に配慮できる
思考・判断	・課題に対し多様なアイデアを発想できる

技能・表現	・意欲を持って創造的な活動ができる ・必要に応じて適切に引用することができ，使用許諾の必要性がわかる
知識・理解	・知財の考え方を知る ・著作権の考え方や注意事項を知る

●使用教材────
学習研究社（2008）『私たちと情報5年6年』

●授業の展開────
◆リーフレット制作（津山を紹介するリーフレットをつくろう）
　：関連する教科　国語・総合的な学習の時間
　　　　　　　　　※学習内容と時間は知的財産権に関連する箇所だけ記載
◆商標の学習
　：関連する教科　家庭科・総合的な学習の時間

学習活動	つける力・評価	時間
○インターネットやパンフレットから情報を得る ・出典の明記 ・引用の明記	◎著作物であることを意識し情報源を明らかにして調べる。 ・ワークシートに情報源を記入しながら調べているか。 ・ワークシートに正確に引用をしているか。	1
○取材をする ・取材される側の気持ち ・写真を撮る場合の許諾	◎取材された側の気持ちや肖像権を理解し取材をする。 ・取材相手に確認を取りながら取材ができたか。 ・許諾を得て写真を撮ったか。	1
○リーフレットを作成する ・友だちのアイデアをまねる時の許諾 ・引用の表記と自分の考えの区別 ・情報源の明記	◎見だしや紙面割，記事の書き方を見せ合い，友だちのアイデアのよさを参考にしながら作成する。 ・友だちのアイデアをまねる時は許可を得たか。 ◎引用の仕方を理解して記事を作成する。 ・引用部分に（「」）を使ったり，正確に引用したりできているか。 ・引用と自分の考えを区別して書けているか。 ◎情報源を明記する。 ・どこからの情報なのかを記載しているか。	2

○地域に配る場合の著作権について考える ・許可を得ることの大切さ ・著作権の尊重	◎勝手に情報を使用されたり写真を活用されたりした場合の気持ちについて考え，許諾を得ることの大切さを知る。 ・著作権者や取材された人の気持ちを考えることができたか。 ・著作物を使う場合は，許可を得ることがわかり，著作物を適切に活用する態度が身についたか。 ・許諾を得ることができたか。	1
○作成後に許諾を得に行く	◎地域に配る前に取材相手などに見せ許諾を得る。 ・許諾を得ることの大切さを理解できたか。	2
○商標について知る ・商品のつくり手の気持ち ・商標の役割の理解 ・商標という権利を守ることのよさ	◎商標に興味関心を持つ。 ・身の回りの商品などから商標を見つけたか。 ◎商標をまねされた場合のつくり手の気持ちを考える。 ・まねされた会社は，どう思うか考えることができたか。 ◎商標の役割を理解する。 ・商標の役割を3つ理解できたか。 ◎商標という権利を守ることの良さを理解する。 ・消費者として商標があることの利点と会社側の利点や品質を守るための努力や工夫について気づけたか。	1

● 代表的な授業紹介

(1) リーフレット制作を通して（図3－7）

 この学習では，①肖像権，②アイデアをまねる時の許諾，③引用の表記の仕方，④著作物を活用する時の許諾の4つを「相手の気持ちを考える活動」を通して行った。

 これは単に，「許諾を得る」「了解を得る」「記載の仕方を知る」という方法を以前に押えたものの，調べ学習や制作活動の際に活かされてない現状があった。しかし，この学習を通して，常に「相手の立場にたって考えること」の大切

図3－7 友だちのアイデアを聞き，まねしたいことがあれば許諾を得るようになった

さに気づき，様々な教科の中でも活かすことができてきた。

(2) **商標の学習を通して**（図3-8，表3-3）

リーフレット作成で，相手の気持ちを考える活動を，この学習でも行った。これは，「私たちと情報5年6年」の「身の回りの知的財産権」を参考に行った。「あるメーカーが商品を，ある有名メーカーの商品の名前をまねて販売」したという設定である。買う立場とまねされた会社の立場になって考えることで，商標の役割について理解し，良さについて気づくことができた。

また，商標があることで消費者が便利なこと，会社が努力することを

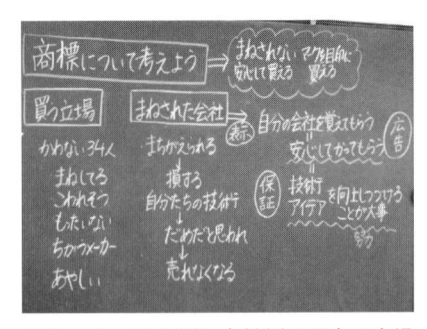

図3-8　買う側と会社側の両方の立場で考えた

表3-3　学習の流れ

1 自分の身の回りから商標を探す
2 異なる立場から考える
・商標をまねされた会社
・買う立場（消費者）
3 商標役目を理解する
4 商標があると便利なことを考える
5 商標があることで会社が努力することを考える
6 商標という知的財産権を守ることの良さを考える
7 知的財産権の種類について知る

考える活動を行った。このことによって，「企業（会社）は消費者の安心や信頼を保つために品質やサービスを向上させることや新たな商品の開発などを行う」こと，「我々消費者は，新たな商品やサービスを受けることができること，安心して買い物をすることができること」に気づけた。この学習の流れにより，今まで関心が低かった商標という権利を守ることの大切さに気づくことができた。最後に，知財権には商標以外にもあることを携帯電話の図を用いて説明し，学習を終えた。

●実践の成果──────

①リーフレット制作の様々な場面で，著作権について考えることにより，相手の気持ちを考えた上で，情報源の明記や許諾，引用の表記が確実にできるようになった。

②児童の感想からは，権利を守ることの大切さだけではなく，「自分の作文や作品やアイデアも大切にされるものであることがわかった，さらに大切にされるような作品をつくっていきたい」という制作の意欲を持てた感想もあった。

●実践者へのアドバイス────

著作権については，教科と関連させたり少しの時間でも実践したりすることができる。例えば，「作品をまねされたらどう思う？」と問いかけるだけでも立ちどまって考えさせることができる。また，知財権は，身の回りにたくさんあり，興味を持ちやすい。特許は，技術や産業の発展につながっており，さらに知財権を守ろうという意識が高まると考えられる。

(影山知美)

注
1) 商標の実践は，野中陽一編著（2010）『教育の情報化と著作権教育』の実践を改善して行ったものである。

参考文献
堀田龍也編（2006）『事例で学ぶNetモラル』三省堂
堀田龍也編（2008）「16章 身の回りの知的財産権」『私たちと情報5年6年』学習研究社，pp.92-97

3.3 小学校

映像制作を伴う学習活動における著作物の扱いおよび著作権の権利処理

小学校第 4 学年：総合的な学習　全 22 時間

● 概要

本実践は，映像制作を伴う学習活動を通じて，著作権について学習させる実践である。映像制作中に使用する音楽に著作権があることを知らせ，著作権者の権利を尊重した著作権の処理が必要であることを理解させた。また，自身も著作権者であることに気づかせた。

● ねらい

学校では，著作権法第35条によって例外が認められていることから，多くの著作権の処理が省略されている。そのため，児童は普段の学習活動の中では著作権を意識することはほとんど無い。しかし，本実践では，地域のコマーシャルやポスター，卒業記念作品の制作を通して，著作権の考え方やその扱い方を理解させ，著作権の処理を実際に行わせることにした。まず，作品中で使用する音楽には著作権があることを知らせ，その利用には著作者の権利を尊重し，著作権の処理が必要であることを理解させることをねらいとした。次に，著作者が自分の著作物を多くの人に使ってもらうために，さらに利用許諾を得る必要のない作品を提供していることがあることも知らせ，著作者人格権の 1 つである公表権について理解させることもねらいとした。また，適切な権利処理を行わせながら，映像作品を作成させることで，処理の仕方を理解させるとともに，著作権を尊重する態度の育成をねらいとした。さらに，自身が映像作品を制作した著作権者となる経験をさせ，「著作権」について自分の問題として捉えさせることを目指した。

●学習目標──────

関心・意欲・態度	・意欲を持って創造的な活動ができる。 ・知財の知識をもとに知財を尊重する気持ちを持てる。
思考・判断	・創造的な活動の中で著作権について適切に判断ができる。
技能・表現	・適切な引用とともに，必要に応じて使用許諾を依頼できる。
知識・理解	・著作権の考え方や注意事項を知る。 ・自分や他者の著作権および著作物利用の判断基準がわかる。

●使用機材──────

・Windowsムービーメーカー（日本マイクロソフト㈱）
　http://www.microsoft.com/japan/presspass/cp/outline.aspx （2012/12/22最終確認）
・iLife09, iMovie HD, GarageBand（Apple Japan）
・ジャストスマイル（㈱ジャストシステム）
・空とぶうさぎ　作曲者：矢田久子　編曲者：西脇久夫　作詞者：持田美晴

　Webページ上の写真の使用許諾を得るために，Webページに掲載されているメールアドレス宛に，使用目的，使用期間，使用場所を書いたメールを担任と一緒に作成し，送信した。上記の曲をクラス全員（32名）が使用するため，使用予定曲のJASRACへの許諾は担任が代行し，申請の方法などは児童に説明した。

●実際の展開──────

※◎は著作権に関する内容

学習活動	内容・つける力・評価	時間
全体 ○地域の様子を調べよう。	・地域の特色，産業などを調べる。 （評）地域の特色を見つけることが出来る。	1

第3章　小学校での実践事例　43

全体 ○地域の事を知らせよう。	・地域のことを広く知ってもらうためにはどうしたら良いかを考える。 (評) 情報の発信の仕方を考えることが出来る。	1
CM班 ○絵コンテ作り	・地域の良さを伝えるため，相手に伝わる構成を考える。 (評) 相手を意識して構成することが出来る。	2
ポスター班 ○構図作成		
授業例① ○著作権について	◎音楽を使うために必要な手続きは。 ◎他人が撮影した写真などの著作権について。 (評) 音楽や写真を使うときに権利処理が必要なことを理解している。	1
CM班 ○取材	・絵コンテにあった素材を集める。 ◎撮影の許可を取ってから撮影する。 (評) 出来上がりを見通して素材を集めることが出来る。	4
ポスター班 ○素材を集めよう	・ポスターに使う写真，素材を集めよう。 ◎著作権のある物，肖像権に配慮して集める。 ◎著作権のある物については著作者に承諾をとる。 (評) 著作権に配慮して，素材を集めることが出来る。	
全体 ○編集	・絵コンテに合わせて素材を編集する。 (評) 相手を意識してつくることが出来る。	4
CM班音楽担当 授業例② ○音楽づくり	◎著作権の処理の必要がない音楽について考える。 ・音楽ソフトを使って，BGMをつくる。 ※担当にわかれ，編集作業と同時に行う。 (評) 著作権の意味を知り，自分の作品だけではなく，他人の作品も大切にすることを理解できる。	3
全体 ○中間発表	・完成した作品を評価し合う。 (評) それぞれの作品を見て，批評することが出来る。	1
各班 ○再編集	・評価のあと，再度構成を考え，再編集を行う。	2
全体 ○1年を振り返って	・1年間の活動を振り返る。	1
全体 ○思い出DVDを作ろう	・1年間の思い出のビデオをつくる。 ◎BGMには学習発表会で使った歌を使う。 (評) 今まで学習した著作権のことを生かして計画を立てることが出来る。	1

○編集	・CMづくりで行った編集の技術を生かして作品をつくる。 ※グループごとに作成して，最後に音楽の長さに合わせて全体を合わせて1つのビデオにする。	2
授業例③ ○音楽を使うには	◎JASRACに登録されている曲は，JASRACに著作権料を払うことを学習する。 (評) どの曲にも著作権があり，著作権法で認められていたり著作権者が許可したりしている範囲を超えて著作権者に無断で使用することは出来ないことを知る。 (評) 著作権のある曲は，著作権者に許可を得る手続きをする必要があることとその方法を知る。	1
○学習のまとめ	・できあがったビデオを視聴し，一年間の活動を振り返る。	1

●代表的な授業紹介────────
授業例① 音楽や写真は誰のもの？

　この学習では，映像や画像，音楽などの著作物を使って作品をつくる事になるため，「著作権」についての初歩的な説明から学習を行った。

　普段聞いているアイドル歌手の曲，Webページに掲載された写真や文章，本に掲載されている写真や文など，創作性が認められる著作物にはすべて著作権があることを説明し，作品づくりで他人の著作物を使用したい場合は，著作権者に許可を得る必要があることを指導した。

　その上で，自分の生活と著作権の結びつきを考えさせた。アニメのキャラクター，ゲーム，映画，テレビ番組等，私たちは生活の中に著作物がたくさんあり，それらの著作権は法律で守られていることを理解させた。

　また，自分たちでは撮影できなかった写真の代わりにWebページ（「北の大地散歩道」http://homepage2.nifty.com/spsaeki/index.html）の写真を使用することになった際には，Webページの管理人に，学習の内容，使用目的，使用の場所を知らせ，使用許可をお願いする文章を児童と教師で一緒に考えて，メールで利用許可を求めた。Webページの管理人は，小学校段階で著作権の処理をして，指導していることに対してご理解をくださり，快く承諾していただいた。許可されたことに，児童たちは感謝し，楽しく作品をつく

ることができた。

その後，ポスターの作成時に，ポスターには使用許可をいただいた写真の近くに写真を撮影した方の名前を記載することを指導した（図3-9）[1]。

送信メールの内容 ─────────
　はじめまして。
　わたしたちは，岩見沢市立第二小学校4年生の4班の6人です。
　今，総合的な学習の時間に岩見沢市のポスターを作っています。
　わたしたちの班は，バラ園のポスターを作っているのですが，
　寒くなってきたので，バラの写真がありません。
　もしよければ，ホームページのバラの写真を1枚使わせてください。
　ポスターは，他の小学校で貼ってもらう予定です。
　よろしくお願いします。

図3-9　制作したポスター

授業例②　自分の作品の著作権は？

　他人の著作物を自分たちの作品制作のために無断で使用することは出来ないことを知ったため，CM作りに音楽をBGMとして使えるようにする方法について考えることにした。

　はじめに，著作権は，「誰の物なのか？」「どういう物に著作権があるのか？」について考えさせた。自分たちがつくった作文，絵，工作作品など学校でつくった物には自分たちに著作権があり，他の人が自分に無断で，それをコピーしたり，勝手につくり替えたりすることは出来ないことを指導した。

　その上で，自分たちの作品に使っても良い音楽はどのような物か考えさせた。その結果，児童たちは，著作権者の許可を得た物，自分たちでつくった物だけを使う事を決めた。その後，今回は自分たちでiLife09のGarageBand

を使って音楽（BGM）をつくることになり，自分たちでつくった曲を使う場合は著作権の処理をしなくても良いことや，自分たちがつくった曲，CMには自分たちに著作権があることを理解させた。

　この学習に併せて，図画工作や書道の作品，国語科で書いた作文にも著作権があることも知らせ，自分の作品に著作権があり権利が守られていることを知ることで，他人の著作権を大切にしようという気持ちを持たせることを目指した。

授業例③　著作権の処理って？
　3学期に入り，1年をまとめるビデオ（スライドショー）をつくる学習になり，ビデオのBGMは，力を合わせて頑張った学習発表会の合唱を使用したいとの提案があった。学習発表会では，「空とぶうさぎ」（作曲者：矢田久子　編曲者：西脇久夫，作詞者：持田美晴）を合唱した。
　この曲の場合，小学6年生の児童がつくった詩に曲をつけた歌で，JASRACに登録されているため，著作権の処理が必要であることがわかった。そこで，学級で話し合い，著作権の処理を行うか，自分でBGMをつくるかのどちらかにするか話し合った。
　著作権の処理については，JASRACのホームページで確認し，電話で問い合わせた。作成するDVDの枚数が32本と少なく，使用曲が1曲であったこと，そして非商用利用であるため減額されて210円の支払いが必要であることがわかった。その後，FAXなどでのやり取りと支払いを担任が代行し，著作権処理をした（図3-10）。

●**実践の成果**——————
　この学習を1年間通して行うことで，児童の中に著作権を大切にしようという気持ちが育ってきた。具体的には，「図工の作品づくりの際に，人気キャラクターを使うのではなく，自分が書いたオリジナルの物を使う」「国語の読書感想文を書く際に，引用箇所を明記し，自分の意見を中心に書こうとする」「友達との音楽の貸し借り，違法にコピーされたデータのダウンロードを改めようとする」といった姿が見られた。家庭で保護者に対し，違法なコ

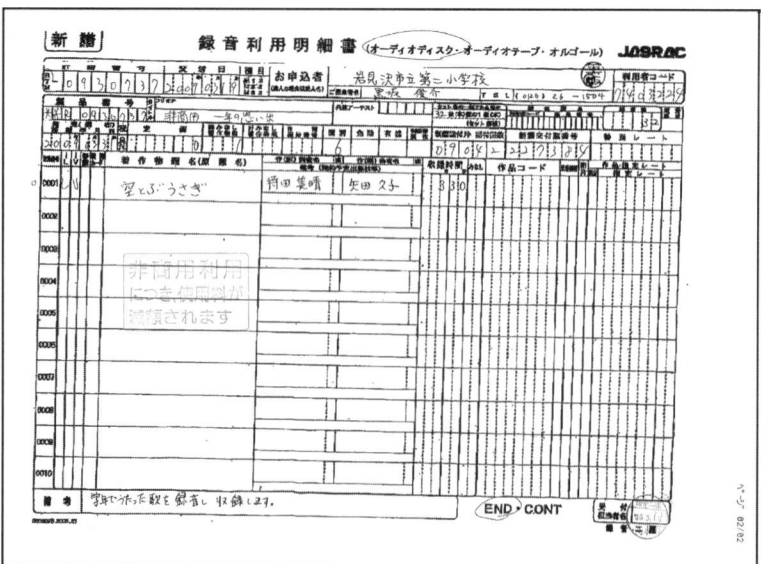

※申請を行う場合は，JASRACのホームページで，最新の書式を確認して申請のこと。

図3－10　BGMの著作権処理書類

ピーや違法にコピーされたデータのダウンロードはしない方が良いと提案した児童も現れ，保護者から学校に報告があった。

　これまでも，「普段何気なく行っていることで，他人の著作権を侵害していることがある」と指導したことがあったが，一度の指導では，その時には児童は問題のある行動を改めようと思うものの，時間が経つと忘れてしまうことが多かった。ここに紹介した実践では，計画的，継続的，そして体験的に学習を進めたことで，何度も著作権について考えさせることができた。その結果，得た知識を生活に生かすところまで高められたと考えている。

●実践者へのアドバイス――――――
　児童たちの身の回りには様々な著作物があり，それぞれに著作権があること，そして，自分の作品には自分に著作権があることを児童たちと一緒に考える場面を設定することをお勧めする。
　自分たちの作品にも著作権が認められていることを知ることで，他人の著作権についても尊重する態度を育ててほしい。また，自分たちで著作物を創作しようとする姿勢を身につけさせる教育を行うことは，児童の創造性を伸ばす教育を行うことになる。

（黒坂俊介・長谷川元洋）

注
1)　ポスターへの掲載許可を得た薔薇の写真を本原稿に使用することについて，2012年7月31日に著作権者である佐伯節夫氏から許可を得ている。

中学校での実践事例

4.1 中学校

みのまわりのものから アイデアを発見し，アイデアを 表現するトレーニングをする

中学校第1～3学年：技術・家庭科（技術分野）　ガイダンス

● 概要

　身の回りにあるものには，実に様々なアイデアが盛り込まれている。そうした先人・先達のアイデアを発見することが，技術科の言語活動のはじまりであると考える。そして，アイデアを発見し表現するためのトレーニングとして，「アイデア発見シート（B6判）」（図4－1）の実践を展開した。

● ねらい

　ものづくりをする技術力とアイデアを表す表現力を育てる指導は，別物であると考える。これまで，ものをつくる指導はされてきたが，アイデアを表現する指導はされてこなかった。そこでアイデアを表現する指導をすることで，技術科にとってバランスの良い技術力を育みたい。

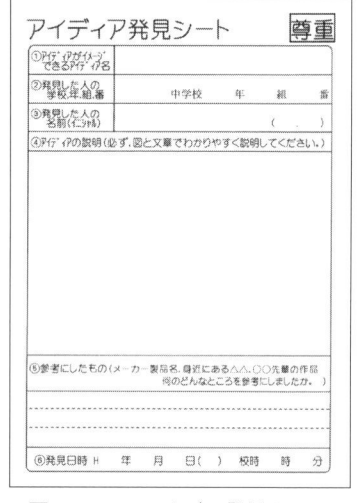

図4－1　アイデア発見シート

　アイデア表現の際に取り入れたのは，特許明細書の項目である。大きなポイントとして，「①アイデア名，②図と文章での説明，③参考資料」の3点を重視した。さらに②の項目では，「目的-構成-効果」[1]の視点で表現させることにした。そうすることで，論理的にアイデアを表現できるようなると考えた。

● 知財に関する学習目標

関心・意欲・態度	・意欲を持って創造的な活動をしようとしている。 ・創造的な活動の中で知財に配慮しようとしている。
思考・判断	・情報を収集・分析し，多様なアイデアを思考できる。
技能・表現	・身のまわりのものからアイデアを発見できる。 ・発見したアイデアを論理的に表現できる。
知識・理解	・アイデアの必要性や意味を理解できる。 ・産業の発展と産業財産権の関係がわかる。

● 使用教材

テープカッター，身の回りのもの，アイデア発見シート

● 実践の展開

学習活動	つける力・評価	時間
○アイデア発見の視点を学ぶ	・アイデア発見の視点を知る。 ・「目的－構成－効果」の視点を知る。	1
○idea共有サイト[2]や身の回りのものを参考にアイデア発見シートを書く	・「目的－構成－効果」の視点でアイデアを文章で書き表すことができる。 ・アイデアに着目した図を表すことができる。	1 適宜
○自己のアイデアをプレゼンし，解説を聞く	・自分の意見を人に伝えることができる（1分×4人）。 ・他のアイデア発見シートの改善点を指摘できる（1分）。	5分 × 30

● 代表的な授業紹介

1年生の最初に，ガイダンスとして行う。まず初めに質問をする。「今の世の中は，飛行機が飛んだり，車が走ったりしているのが当たり前の世の中だよね。どうしてこんな便利な世の中になったと思う？」と問いかける。そうすると生徒は，様々な反応をする。「それは，今までいろいろなものを開発してきた人たちが，図と文章で記録を残してくれたからだよ」と説明する。加えて「その方が最初からつくらなくて良いでしょ。後からつくる人にとって，図面があればそこからつくり始めればいい。説明があればなおわかりや

第4章 中学校での実践事例 53

すい。そうやって技術開発が続けられてきたから今の便利な世の中があるんだよ。」と話し、図と文章で表現する大切さに気づかせる。

次に、①テープカッターのついたテープと②ただのテープを用意する。2人の生徒をアシスタントに迎え、2人にじゃんけんをさせる。勝った方に①をわたし、

図4-2　テープカッター

負けた方に②をわたす。それぞれに1枚の紙をわたし、「用意スタートで、黒板にこの紙を貼ってみよう。早いほうが勝ちだよ！」といって、ゲーム感覚ですすめる。当然、①の生徒が勝ち、②の生徒が負ける。こうした比較をすることで、アイデアを発見する視点をもたせる。

その後、生徒とのやり取りの中で、「目的-構成-効果」（表4-1）を導き出していく（表4-2）。生徒に書かせると、「目的」と「効果」が同じような文面になりやすく、目的が達成されたことで得られる効果になるように指導する。

次の時間から、互いに書いたアイデア発見シートを発表し合い、アドバイスし合う。そして、グループの中でわかりやすく表現したものや興味深いア

表4-1　アイデア名-目的-構成-効果について

アイデア名	アイデアをわかりやすく端的に表した名称
目　　　的	そのアイデアで実現したいこと
構　　　成	目的を実現するための手段となるもの
効　　　果	目的が達成されたときに得られる効果

表4-2　テープカッターについての説明文の例

項　目	説　　　明
アイデア名	片手で素早く切れ、長さを自在に調節できるテープカッター
目　　　的	テープの端を早く見つけ、セロハンテープを手軽に切りたい
構　　　成	テープを切る刃、回転体、回転体を保持するホルダーの形状、ホルダーの重さ
効　　　果	重量があるのでテープカッターが動かず、片手で手軽にテープを切れ、作業時間が短縮された

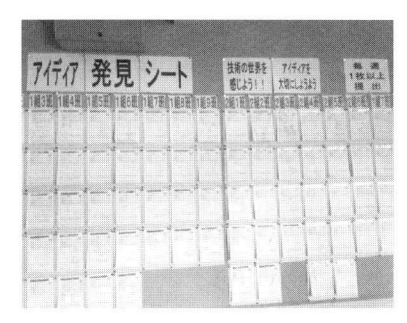

図4-3　アイデア発見シートの掲示 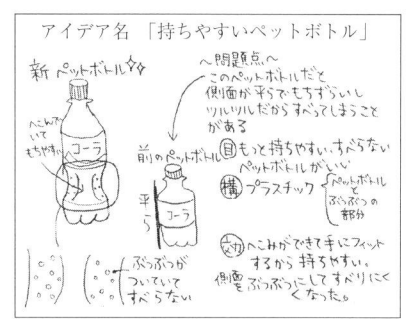　　　図4-4　アイデア名，目的，構成，効果で説明

イデア表現を授業全体で取り上げる。そこで，教師は，アイデア表現の良さや面白さを解説し，参考にするよう促す。そして，技術室に掲示し，互いに良いものについて見合うことができる環境をつくる。

● **実践の成果**

生徒は，ガイダンスを元に「持ちやすいペットボトル」を図と文章で表すことができた（図4-4）。身の回りのものからアイデアを発見することができ，実践当初は説明が一言程度だったものが，「目的-構成-効果」の視点を元にアイデアを表現することで，論理的に説明することができるようなった。

また，アイデア発見シートの実践を通して，図と文章で表すことに自信を持ち，身の回りのアイデアや自分の作品の製作に意識を高めることができた。そして，身の回りのアイデアを参考にしようとする意識を高めることができた。

● **実践者へのアドバイス**

まずは教師が，アイデア発見の視点を持ってアイデア発見シートを実践することで，生徒がつまずきやすいところがわかる。さらに，生徒が書いたアイデア発見シートからそのアイデア表現の良さを，教師が発見し，指導に活かしていくことで，生徒の表現力が向上していくことを実感できるであろう。

表4−3　アイデア発見シートの指導ポイント

文章編	図示編
① 参考にしたものを記載する。 　参考にしたメーカー，友達や先生の作業の仕方・アイデア ② 問題点を挙げる。 　別のものと比較し，問題点をあげる。 ③ 改善点をあげる。 　問題点を解決するための改善点をあげる。 ④ 目的を考える。 　アイデアの目的を考える。 　＜例＞「〜〜のために」「〜〜するために」「〜〜したい」 ⑤ 構成を考える。 　目的を実現するために必要なものをあげる。 　＜例＞形状，材質，動き，構造　等 ⑥ 効果を考える。 　そのアイデアを活用すると，どう目的が達成され，さらにどんな効果が得られるかを記入する。 　＜例＞「〜〜ができるようになる」 　　　「〜〜がわかりやすい」「〜〜がしやすい」 ⑦ 専門的な知識を調べて追記する。 　自分の知らない技術や理論，材質，性能などをインターネットで調べて追記する。	① まずは2次元で図示をする。 　正面図，平面図，側面図が書けると良い。 ② 動きを表すように示す。 　コマ送りの図で動きを示し，その状態の説明を加える。 　＜例＞「閉じた状態」「開いた状態」 ③ ズームアップをする。 　アイデアを実現するために大切なところを拡大して図示する。 ④ 色をつけて示す。 　色をつけて材質の違いや特徴を表す。 ⑤ ポイントとなる場所を矢印や記号で示し，説明を加える。 　矢印と記号を使って，説明のポイントをわかりやすくする。 ⑥ 分解して図を示す。 　分解して構造を示し，役割を説明する。 ⑦ 比較したものも図示する。 　問題点があるものを図示して，アイデアを比較して説明しやすくする。改良点がわかるように図示する。

（山口　治）

注
1) 遠山勉「知財文化・創造と教育」　http://www.ne.jp/asahi/patent/toyama/（2011/12/22最終確認）
2) idea共有サイト　http://idea.namikikai.com/modules/nmblog/（2011/12/22最終確認）

4.2 中学校

参考資料を明記させ，年度を超えた技術室文化を創る

中学校第1〜2学年：技術・家庭科（技術分野）
A材料と加工の技術　全30時間

● 概要

　生徒たちが製作した作品を，次の年度まで技術室に残しておき，先輩の作品を見て，アイデアを探し，何を製作するのかを決定させる。ワークシートには必ず参考資料を明記させることで，何を参考にして製作をしたのか意識づけを行った。

● ねらい

　参考資料を明記することを条件に実践を始めたばかりの頃，「何も参考にしないで自分で考えた」と主張する生徒たちがとても多かった。しかし，参考資料を明記させ，前年度の先輩が製作した作品を手に取らせながら次の年度の生徒たちに設計をさせ，その後に持ち帰らせる授業を何年も積み重ねていくと，こうした発言は滅多に聞こえなくなっている。

　授業で生徒たちは，先輩の作品からアイデアをみつけ，アイデアを共有し，さらに改良を加えて継承するという一連の流れを経験する。これは，様々な技術が多くの先人によって生み出され改良されてきた技術の歴史と重なる。

　木製棚をつくるための知識や，技能を身につけさせるだけでなく，技術室の中に生まれた技術室文化を継承させていくことで，技術の知財としての側面に迫りたいと考えた。

● 知財に関する学習目標

関心・意欲・態度	・知財の知識をもとに知財を尊重する気持ちが持てる。
思考・判断	・情報と収集・分析し，優れたアイデアをみつけることができる。
技能・表現	・適切な引用とともに，アイデアを的確に表現することができる。
知識・理解	・知財の考え方の必要性と重要性がわかる。

● 使用教材

杉板材を用いた作品の製作

（1人あたり，610×170×12を1枚，200×170×12を2枚使用）

● 実践の展開

学習活動（解説）	つける力・評価	時間
○先輩の作品からアイデア発見 （約200作品を展示）	・先輩の作品からアイデアを見つけることができる。 ・なぜそうした形状になっているのか説明できる。 ・図を用いて立体的なアイデアを適切に表現できる。	2
○作品の設計 （先輩の作品の寸法を測り設計する）	・先輩がどのように材料を切り出したのかわかる。 ・アイデアを設計図に現すことができる。 ・先輩のアイデアに改良を加えることができる。	3
○材料どり ○切断 ○かんな練習 ○かんな仕上げ ○組み立て ○仕上げ	様々な道具や工作機械を用いて，材料を加工し組み立てる。その中で主に下記の内容を身につける。 ・木材の繊維方向による強度や性質の違いがわかる。 ・道具や工作機械で正確に加工することができる。 ・失敗した時にどのように修復すれば良いか考えることができる。	23
○作品のアピールポイントをまとめる （後輩にアイデアを継承する）	・クラスメイトの作品のアピールポイントを考えることができる。 ・後輩のために自分の作品のアピールポイントを図と文章で説明することができる。	2

※知財学習に直接関係のない部分は網掛けで表示。

●代表的な授業紹介

1年生の最初の授業で生徒たちは，2年生約200人全員が製作した作品がずらりと並んだ技術室で，図4－5のように先輩の作品を手に取りながら先輩のアイデアをみつけていく。棚板が斜めに取りつけられている棚や，背板にトラス構造が組み込まれた棚など，毎年のように先輩の作品

図4－5　先輩の作品を手にとる

を見ながら製作させてきた。先輩の作品には数多くの様々なアイデアが盛り込まれており，後輩たちがさらに独自の工夫を加えることで，毎年のようにアイデアが積み重ねられている。

1時間目の授業ではグループ学習なども取り入れ，丈夫にするために優れたアイデアを先輩の作品から探したり，優れた持ち手の形状のアイデアを探させたりする。自分の頭の中にあることだけを参考に考えるよりも，先輩の作品を参考にすることでより具体的なアイデアを考えやすくなることを生徒に実感を持って理解させることができる。

2時間目の授業では図4－6のようなアイデア発見シートを用いて，図と文章で先輩のアイデアを説明させる。自分の作品に生かすために先輩の作品を観察させる。

一人あたり3枚程度のアイデア発見シートをかき，先輩のアイデアを記録させる。図4－6のアイデア発見シートの⑤には参考にしたものが項目として設けられており，授業ではここに，その作品を製作した先輩の名前を記録させる（作品の裏側に大きく名前を書かせてある）。

3～5時間目の設計の授業では，杉の

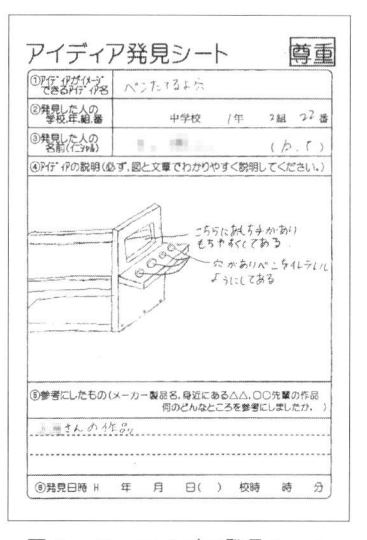

図4－6　アイデア発見シート

第4章　中学校での実践事例　59

板材から作品の材料をどのように切り出したらよいのか，先輩の作品を手に取りながら考えさせることで，材料を繊維方向にそって切り出すことや，先輩の効率的な材料どりなどに気づかせることができる。

このように最初の5時間の授業では，先輩の作品を参考にし，それが誰先輩の作品で，どのように優れているのかを授業で共有できるように授業を仕組んでいる。2年生の生徒たちに「今年は，君の作品の○○のアイデアが後輩に人気だよ」などと伝えると，自信に満ちた笑顔が返ってくる。

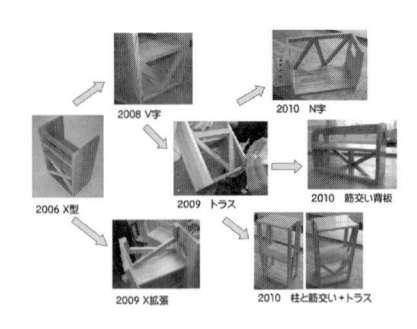

図4－7　年度を超えたアイデアの連鎖

● 実践の成果─────

図4－7は2006年度に背板をX型にした先輩のアイデアをきっかけに，08～10年度の後輩の生徒たちが様々な改良を加えたアイデアの連鎖を表した図である。

それぞれのアイデアは彼ら1人1人が別々に考えたものや思いついたものではなく，先輩の作品を参考にすることで生まれたことをアイデア発見シートなどのワークシートに明記された参考資料から読み取ることができる。

またこの授業ならば，アイデアを改良したり，他の製品の形状を応用した生徒たちの多くが，ただ作品をつくったとか，精度良くできたというだけでなく，技術の授業に自らの学びの足跡を残すことができたことを実感できる。

● 実践者へのアドバイス─────

こうした技術室文化ともいえる生徒の学びを積み重ねる実践の成果は，1年だけの実践では実践者としてメリットを感じられないかもしれない。しかし，2年，3年と続けていくと，多くの先輩たちの学びが，生徒たちの作品ばかりでなく，授業をレベルアップしてくれているのに気づかれるだろう。

（川俣　純）

参考文献

川俣純（2008）「時間と空間を超えてアイディアを共有・継承する学習環境づくり」『教育』第58巻第10号，pp.105-114

idea共有サイト，アイディア共有BLOG，学びの収穫「X，V，筋交い編」 http://idea.namikikai.com/modules/nmblog/response.php?aid=193（2012/12/19最終確認）

4.3 中学校

つくり手の立場から，著作権（知的財産）を考える

中学校第3学年：技術・家庭科（技術分野）
D 情報とコンピュータ　8時間

● 概要

　簡易CAD「立体グリグリ」を用いてオリジナル立体を作成させた。完成後にそのCADデータファイルに著作権者名，参考にしたもの，工夫したことなどを著作権関連情報として書き込ませた。自らが著作権者になったという自覚を持たせたことで，著作権が，人類の文化を発展・進化させるための社会的ルールであることに気づかせることができた。

● ねらい

　技術科に限らず，学校では様々な作品を作成させる場面が数多くあるが，多くの場合，毎年同じような作品を生徒たちに作成させている。そこで，前節「参考資料を明記させ，年度を超えた技術室文化を創る」では，参考資料を明記させることで，先輩から後輩へとアイデアを継承する実践を試みた。
　ディジタル作品の作成の場合，作成したディジタル作品と著作権関連情報を同一ファイルに書き込ませることが可能である。そこで，「立体グリグリ」に著作権関連情報を入力する機能を実装し，授業で使用した。
　著作権関連情報を記入させ，自らが著作権者になったことを自覚させた上で，著作権者の立場からなぜ著作権が必要で，何のために著作権という社会的ルールがつくられたのかを考えさせる。

●知財に関する学習目標

関心・意欲・態度	・知財の知識をもとに知財を尊重する気持ちが持てる。 ・創造的な活動の中で知財に配慮できる。
思考・判断	・情報を収集・分析し，優れた表現をみつけることができる。
技能・表現	・創造的な活動の中で知財に配慮できる。 ・内容に応じて，適切な引用ができる。
知識・理解	・技術や文化の発展と知財（著作者）の関係がわかる。

●使用教材

簡易CAD「立体グリグリ」Version 3.4

http://www.gijyutu.com/g-soft/guriguri/

「立体グリグリ」は仮想空間上の点をX，-X，Y，-Y，Z，-Z，で動かし，立体を見る向きを自由にかえながら線分を描くことで，空間的な思考力を育むことを目的に開発された教育用簡易CADソフトである。

図4－8に示すように，「立体グリグリ」の画面の右下には著作権関連情報が常に表示されるようになっている。

立体を構成する線分のデータもテキストファイルで保存されており，その最後に著作権関連情報（図4－9）をつけ加える形で保存する。細かな項目は設定されておらず，実践者側で記入する内容を設定できる。

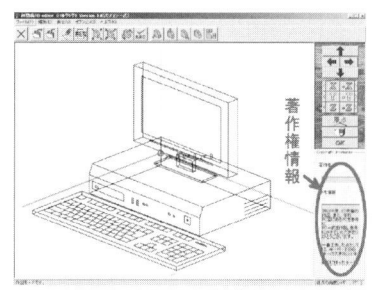

図4－8　「立体グリグリ」の画面

図4－9　著作権関連情報画面

第4章　中学校での実践事例　63

● 実践の展開

学習活動（解説）	身につける力・評価	時間
○空間的に考える （空間的思考力を身につける）	・簡単な立体を簡易 CAD に入力することができる。 ・等角図を元に、簡易 CAD に入力することができる。 ・第三角法による正投影図を元に、簡易 CAD に入力することができる。	3
○オリジナル立体 （身近なものを簡易 CAD 上に描く）	・先輩が作成した立体を参考にして、オリジナル立体の構想を立てることができる。 ・空間的に考えながらオリジナル立体を制作することができる。	4
○つくり手の立場から著作権を考える	・何を参考に、どんな工夫を加えてオリジナル立体を制作することができたのか記入できる。 ・著作権者の立場から著作権を考えることができる。	1

● 代表的な授業紹介

「つくり手の立場から著作権（知財）を考えよう」の授業は、8時間の授業のまとめとして行われる授業である。

4時間をかけて制作させたオリジナル立体のファイルに、図4－10に示すように著作権関連情報として、自分の名前、参考資料、工夫した点、感想や後輩へのメッセージ等を書かせ保存させる。生徒たちが自分が著作権者になったことをはっきりと自覚する授業だ。

前節「参考資料を明記させ、年度を超えた技術室文化を創る」で紹介したように、1年生の頃から参考資料を明記させ、先輩からアイデアを

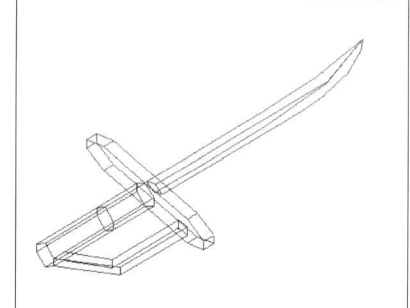

＜参考にした作品＞
　T先輩の「がびょう」を見て、曲線の表現に挑戦しようと思いました。また、S先輩の「日本刀」は、細部へのこだわりが感じられて、私も「刀」を作図してみたいという気持ちになりました。他にも多くの先輩方から、沢山作品のインスピレーションをいただきました。
　先輩方、有難うございました。
＜工夫した点＞
　参考にした作品でも書いたように、曲線の表現に力を入れました。刃の緩やかなカーブは、直線での表現がとても難しく、苦労したのを覚えています。
＜感想＞
　立体を平面上に作図する作業は、数学などで手馴れたものですが、三次元的に考える機会は今まであまりなかったので、なかなか難しかったです。

図4－10　2011年度Nさん「西洋の剣」

> **先人への敬意の表し方**
> **STEP 1　つくり手として**
> ● 参考にしたことを自覚する。【参考にしなければ創造はできない。】
> ● 感謝する。【参考にさせてもらえたことに感謝を表す。】
> **STEP 2　社会の一員として**
> ● 引用を明記する。【他の人の作品と自分の作品を区別する。】
> ● 許諾を得る。【利用してよいか作者に確認をとり、許可を得る。】
> ● お金を払う。【他の人の作品を利用する場合に、作品の使用料を支払う。】
> **STEP 3　よりよい社会と技術の実現のために**
> ● 先人の優れた作品のアイディアなどを広く共有する。
> ● 先人の優れた作品を参考にして、改善や応用を考える。
> ● 先人の優れた作品を乗り越える（凌駕する）作品を生み出す。
> あなたは、参考にした作品や資料を作成した人に、どこまで敬意を表すことができていますか？

図4－11　先人・先達への敬意の表し方

継承し改良する授業を続けてきたことを確認した上で，図4－11を示し，先人・先達や先輩への敬意の表し方を考えることを通して，つくり手の立場から著作権を考えさせた。

　STEP1では，参考にしたことを自覚すること，感謝することがつくり手としての前提であることを押さえる。

　その上でSTEP2では社会の一員としての著作権というルールが必要であることを伝える。

　そして最後にSTEP3では，著作権は単なる守らなければならないルールではなく，広く共有し，改善・応用することで人類文化を発展・進化させるために生み出された社会のルールであることを伝えた。

● 実践の成果──────

　著作権があることによって著作権者の収入が確保され，著作物を生み出すことを職業とすることができるようになる。著作権者に一定期間の著作権を認めることで文化が活性化されている事実は，ただ著作権を教えようとしただけではなかなか伝わらない。

　一定期間をすぎた著作物が自由に利用できるようになることや，誰が見ても真似しているとしか思えないものをつくった人たちに限って，真似をして

いない自分たちのオリジナルだと主張することが多いことを生徒に伝えた。オリジナル立体の作成という自分たちの学校における技術室文化の中で学んだという自覚の上に，著作権の授業を展開することで，これまで守らなければならないだけのものだった著作権が，人類の文化を発展・進化させるための社会的ルールであることに気づかせることができた。

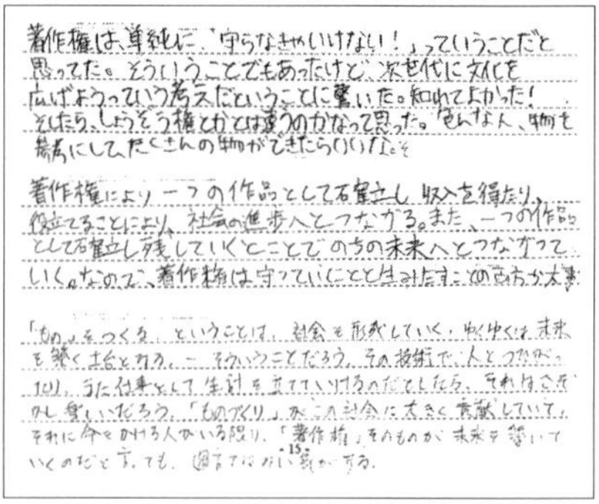
著作権は、単純に、「守らなきゃいけない！」っていうことだと思ってた。そういうことでもあったけど、次世代に文化を広げようっていう考えだということに驚いた。知れてよかった！そしたら、しょうぞう権とかではちがうのかなって思った。色んな人、物を参考にしてたくさんの物ができたらいいなぁ。

著作権により一つの作品として確立し収入を得たり、役立てることにより、社会の進歩へとつながる。また、一つの作品として確立し残していくことでのちの未来へとつながっていく。なので、著作権は守っていくことと生みだすことの両方が大事

「もの」をつくる、ということは、社会を形成していく、ゆくゆくは未来を築く土台となる。…そういうことだろう。その技術で、人とつながったり、また仕事として生計を立てていけるのだとしたら、それはさぞかし楽しいだろう。「ものづくり」がこの社会に大きく貢献していて、それに命をかける人がいる限り、「著作権」そのものが未来を築いていくのだと言っても、過言ではない気がする。

図４－12　３人の生徒の感想

図４－12に示すように，授業後の感想では，多くの生徒たちが技術や社会に参画する存在として自分自信をとらえることができていた。

●実践者へのアドバイス――――――

知財の価値を生徒たちに実感させるためには，生徒自らが知財を生み出したという自覚が欠かせない。単元の導入とまとめを，年度を超えてつなげる学習環境づくりは，実現のための手段として有効である。

（川俣　純）

参考文献

村松浩幸（2000）『ITの授業革命』東京書籍，pp.22-31
遠山勉，知財尊重三原則，知財ブログ　http://chizai.cocolog-nifty.com/chizai/respect.html（2012/12/19最終確認）

4.4 中学校

アイデアの創造から尊重のサイクルを体験する発明品構想学習

中学校第3学年：技術・家庭科（技術分野）
D 情報とコンピュータ 全8時間

● 概要

アイデアの創造から尊重のサイクルを発明する側の視点から学ばせるために，中学校技術科のディジタル作品の設計・制作において，発明品の構想を通して体験させた学習である。

● ねらい

発明というと生徒たちは，「生活が便利になる」「お金をもらえる」「有名になれる」という意見や「発明はすごいこと」とか「発明品を考える人はすごく頭のいい人」というような自分たちとはほど遠いことであるイメージを持っている。そこで日常の生活用品などをテーマに，発明品のアイデアを考えることで誰にでも発明の可能性があること，アイデアを創造することの楽しさやアイデアを尊重することの大切さを学ぶこと，また，発明を広めるためには広報することが必要であり，限られた時間の中で他者に上手く伝えることなどを通して，つくり手の立場から考える視点で学習することにより知財の意識を高める学習が構成できるのではないかと考えた。

発明品構想学習の実践では，創造・共有・表現・尊重の4過程のサイクルで展開する（図4－13）。はじめに創造過程では身近な課題に対する

図4－13　発明品構想学習の活動の様子
（アイデア考える（創造）／アイデアの共有（共有）／チームでプレゼンの製作／プレゼン発表・評価（表現尊重））

第4章　中学校での実践事例　67

個人のアイデアを考える。次に共有過程ではグループで話し合い1つのアイデアにまとめる。アイデアは，ドラえもんのポケットから出てくるような夢物語ではなく，現実に開発できるものとし，「有用性」「新規性」「実現性」があることを条件とする。さらに，表現過程ではアイデアを広報するために，グループでPRプレゼンを制作し発表する。また，尊重過程では他グループのPRプレゼンを相互評価することで，お互いのアイデアを認め合い尊重する意識を高めることができると考える。つくり手側の立場を体験することで，知財に対する意識を高めることができると考えられる。

●学習目標

関心・意欲・態度	・知財を意識して創造的な活動ができる。 ・意欲を持ち，協同して創造的な活動ができる。 ・知財の知識をもとに知財を尊重する気持ちが持てる。
思考・判断	・情報を収集・分析し，多様なアイデアを思考できる。 ・自分や他者の著作権と著作物利用の判断基準がわかる。
技能・表現	・創造的な活動の中で著作権に配慮できる。 ・アイデアをわかりやすく適切に表現できる。
知識・理解	・知財制度の概要がわかる。 ・産業の発展と産業財産権の関係がわかる。

●使用教材

・「PowerPoint 2007」（マイクロソフト社），「ホワイトボード」
第2時にアイデアを出し合い，1つのアイデアにまとめる時に活用する。
ワークシート
①「アイデア申請用紙」
アイデアを図と文章で表現する。第1時に個人で考えたアイデアを記入する。第2時にグループで1つにまとめたアイデアを記入する。
②「オリジナル商品を考え，PRプレゼンをつくろう！」
グループでの役割分担，プレゼンのスライドの企画を考え記入する。
③「プレゼン制作記録」

表4－4　アイデア発表評価シート項目

```
1．アイデアについて
＊オリジナリティ
＊生産可能性
＊実用性
＊発展性
＊面白さ
2．プレゼンについて
①プレゼンを通して，つくった人の意図や主張が伝わってくるか。
②プレゼンの中の情報を読み取ることができるか。
③スライドの色合いやデザイン，効果の設定などが内容と合い，効果的で
  あるか。
④BGMなどが内容と合い，効果的であるか。
⑤素材の著作権に対して配慮されているか。
⑥構成は起承転結になっているか。
【アドバイス等】（ここが良かった。こうすればもっと良くなるなど）
```

　第3～6時にグループの活動を振り返り記録することで，次時の目標を明確にする。

④「アイデア発表評価シート」（表4－4）

　各グループの発表をシートに記入された観点で相互評価する。

「授業スライド8時間分」

　生徒には，図と文章でわかりやすく説明できる。また，プレゼンテーションの仕方の理解にもつながる。

●実践の展開――――――

学習活動	つける力・評価	時間
創造 ○オリジナル商品を考えよう ①身近な発明品 ②オリジナル商品を1人ひとりが考える	・身近な発明品について知る。 ・オリジナル商品を考えることができる。 ◎テーマに対して，不便な点を解決するアイデアを考えることができたか。	1
共有 ○プロジェクトチームで考えよう ①個人のアイデアを紹介する ②チームで話し合い，1つのアイデアにまとめる	・チームで話し合い，1つのアイデアにまとめることができる。 ◎自分のアイデアをチームの仲間に紹介できたか。 ◎お互いのアイデアを共有し，1つのアイデアにまとめることができたか。 ◎考えたアイデアは有用性，新規性，実現性のあるものか。	1

	・関連情報についてインターネットを使って検索することができる。	
表現 ○PRプレゼンをつくろう ①PRプレゼンの企画 ②PRプレゼンの制作	・チーム名等をともにに考え，役割分担してPRプレゼンの制作ができる。 ◎表現を工夫したプレゼンを企画できたか。 ◎情報を取捨選択してプレゼン作品を創造することができたか。 ◎著作物を法律やマナーに従って適切に活用できたか。	4
尊重 ○PRプレゼンの発表・評価しよう ○学習のまとめ	・PRプレゼンを発表できる。 ◎チームで協力し，PRプレゼンを発表できたか。 ・他チームの発表を評価できる。 ◎他チームのアイデアを認め合い尊重する態度が身についたか。 ◎発明などの知財の大切さが理解できたか。	2

●代表的な授業紹介――――――

　実践の2時間目，生徒たちは，このところヒット商品が無く経営状態は良くない会社の社員とする。「今日から商品開発部技術課に配属になり，社運をかけた新商品開発プロジェクトのメンバーに選ばれました。これからの仕事は9つのプロジェクトチームごとに開発します」という想定で授業に取り組んだ。話し合い活動をスムーズに進めるために，グループ活動での注意事項を確認した。アイデアを図と文章で申請用紙に記入するポイントとして，アイデアの有用性（問題・課題の解決に役立つアイデアであるか），新規性，実現性（こうしたら実現できるという技術的な見通し）についてスライドで説明した。テーマに基づき1人ひとりが前時に考えたオリジナル商品のアイデアをチーム内で紹介した。各自のアイデアを共有し，チームで話し合い1つのオリジナル商品を考えまとめた。例えば，乗り物をテーマとしたチームでは，環境に優しい車について考えた。話し合いの中で，二酸化炭素削減から二酸化炭素を出さない。燃料としてはガソリンを使わず，電気または水素を使う。タイヤで動くからエアーを噴射して浮かび推進させるというように，

1人ひとり互いの考えを知り，話し合うことで新しい視点に気づき，新しい発想が生まれた。最終的なアイデアは申請用紙に記入後提出させた（図4－14）。実践の3～6時間目では，新商品開発会議での提案に向けて各プロジェクトチームが役割分担（リーダー，サブリーダー，デザイン，効果の設定，BGMなどの係分担とスライドの作成ページを分担）をして，協力しながらPRプレゼンのスライドを作成した（図4－15）。著作権にかかわり，引用する場合における表記など情報を扱う上での注意点も学んだ。授業の終わりに，本時の活動を振り返りプレゼン制作記録に記入させ，次時の目標を明確にして授業を終えた。

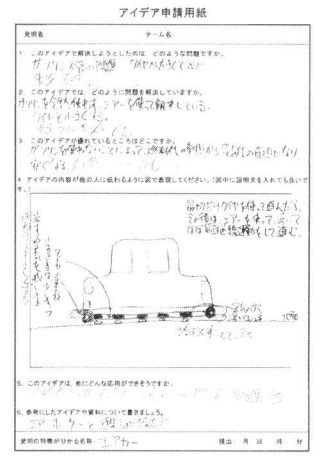

図4－14　個人のアイデア例

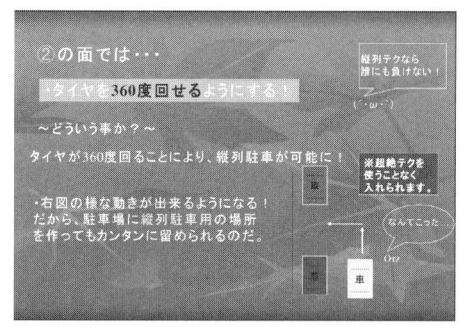

図4－15　チームのプレゼン例

●実践の成果

　発明品構想学習では，新商品のアイデアを考えるときや，PRプレゼンの制作を通して生徒たちは作る側の視点に立つことで今までと考え方が変わった。授業に取り組む生徒の姿が想像できる資料として，実践後の生徒の感想を表4－5に紹介する。

　事後に発明品構想学習で身についたり伸びたりした力について調査したところ，「ものづくりに対する興味・関心」「他人のアイデアを尊重する姿勢」「身のまわりの技術に関する興味・関心」「仲間とのコミュニケーション力」「発明についての興味・関心」「工夫する力」「仲間と協同して課題を解決する力」「情報を発表・発信する力」などの項目について学習の効果が確認できた。

第4章　中学校での実践事例　71

表4-5　生徒の感想

○チームの子と「こういうのはどうか？」「ここはこうしよう！」と話し合う中で技術ってこんなに楽しかったんだなぁと思った。(中略) 話し合ううちに「発明とは何だろう」と考えるようになった。今回発明品を考えてみて，人の役に立ちたい，世の中を豊かにしたいという気持ちが大切なんだなと思った。(中略) たくさんの人々を笑顔にできる発明品を私もたくさん考えてつくってみたい。
○特に自分の中だけじゃなく，他の人の意見を取り入れ，自分たちのオリジナル商品がますますよいものになっていくのが，すごくわくわくして楽しかったです。(中略) また，他の人に見てもらい評価してもらえるのは，緊張することも忘れ，とてもおもしろかったです。(中略) 本当に技術がこんなにおもしろいとは思いませんでした。「オリジナル商品を考えよう」という授業を受けて，とてもためになりました。発明への興味も，技術による興味も，ものづくりへの興味も上がって，とても楽しかったです。
○授業はいつも受ける立場だったので，今回の授業で発信する立場になれて楽しかった。発想の広さや形の違いに気づいた。将来のことについて考える機会になった。あの授業以来，身近なものももっと便利にならないかなとふと考えるようになった。
○この授業を通して，普段普通に使っているものが本当はすごい発明品であることに気がついた。(中略) 一番思ったのは，仲間と協力することの大切さだった。役割を分担するとスムーズに進んだし，お互いの意見を取り入れることでいい物ができた。技術以外でも授業で学んだことを活用できればいいなと思った。

●実践者へのアドバイス

　発明品を考える課題は，日常生活の身近なものに設定することで生徒も教師も取り組みやすくなる。また，1人ひとりがプロジェクトチームの一員という場面設定をすることで，生徒たちは，仲間意識と自分の役割に対する責任感を高めることができる。使う立場からつくる立場，発信する立場という日常とは逆の視点を持たせる課題設定ができれば，本題材は有効である。

（吉岡利浩）

参考文献
吉岡利浩・村松浩幸・松岡守（2012）「技術科における協同学習モデルを適用した発明品構想学習の授業プログラムの開発と評価」三重大学教育学部研究紀要，『教育科学』第63巻，pp.173-179

高校での実践事例

5.1 高校

新商品開発のための市場調査・研究・開発の模擬体験から学ぶ知的財産権

高校・普通科第1〜3学年：学校設定科目「高校現代文明論」　各学年5時間　計15時間

●概要

　東海大学の各教育機関では，人文科学と自然科学そして人間教育をバランスよく学習するために，全学的に開講される授業科目「現代文明論」がある。そのうち高校で学習するものが「高校現代文明論」である。付属高校では「高校現代文明論」におけるテーマ学習の1つとして知財教育が実施される。本校の場合，高校3年間で15時間（各学年5時間）の学習計画に基づき知財教育を実施する。学年ごとに知財学習のテーマを設定し基礎から積み上げていく。各学年のテーマは以下の通り。

第1学年	基礎編……「豊かな創造性を育む」
第2学年	基本知識編……「知的財産権を理解する」
第3学年	応用編……「内的起業家精神を学ぶ」

「高校現代文明論」の研究授業　※2年次に実施する
①知財教育「特別授業」：著作権や産業財産権について担任教師が実施する。
②知財教育「教科における知財」：各教科の授業の中で知財に触れる授業。
　教科担任が行う。

●ねらい

　地歴・公民科の授業。現代社会の単元「現代の経済社会と国民生活」市場のしくみに関する授業において，企業の商品開発競争をモデルとして新商品開発のための市場調査・研究・開発を模擬体験することで知財権（特に産業財産権）について理解し，自他の権利を尊重することを学ぶ機会とする。

　研究授業に先立ち，生徒にとって身近なカップ麺を例としてその新商品開発を担当することとなった場合，「売れる」商品をつくるために消費者の立

場に立って考えることやターゲットとする消費者の年齢層なども考慮するように指導した。その上で班ごとにカップ麺の種類，味，容器の形状，商標やネーミングなどを考え"かたち"にした。

研究授業当日にコンペのかたちをとり他の班全員が消費者の立場で評価し「買いたい商品」の順番を決めた。店舗には"売れ筋"のカップ麺が前列に並べられ，売れない商品はやがて店頭から姿を消すという市場競争の厳しさを学ぶこととなった。

● 学習目標

知識・理解	・現代社会のしくみの中で創造性・知財が持つ意味を理解する。 ・自他の創造物の持つ意匠権・商標権・著作権などの権利を理解する。
思考・判断	・自らものづくりを体験すること，そして評価されることで創造物の価値を認識する。

● 実践の展開

	学習内容	学習活動	指導上の留意点	教材	学習形態
導入 7分	○資本主義経済の特徴である市場での自由競争についての復習。	・市場における競争原理について理解しているか確認する。 ・市場競争の結果として価格先導者（プライスリーダー）の出現によって価格競争が減じ，非価格競争が激しくなることを思い起こす。	・非価格競争に知財権が大きくかかわることを考えさせる。 ・本時の目標やテーマがここにあることを明示する。	教科書 ノート	一斉 （講義）

展開 35分	○寡占市場における非価格競争を再現する。○カップ麺を例にとり企業の商品開発部の社員として自社製品をアピールする。	・あらかじめ設定した4班がカップ麺の新製品のプレゼンテーションを行い「売れる商品」となるようにどのように工夫しているかを説明する。(教師も加わる)・他の生徒は消費者の立場から判定する。	・他社(他の班)の製品との差別化をはかるために何ができるか。・既存の製品の模倣を避け新しいアイディアが発表できるように事前に指導する。・特許・意匠・商標・著作権に言及。	あらかじめ準備した製品を紹介する(PC，プロジェクタ)	班ごと(生徒参加型)
まとめ 8分	○今日経済活動における知財権がいかに重要な要素となっているかを確認し理解する。	・生徒の判定を受けて非価格競争において何が勝敗を決するものとなったかを確認し，知財権の大切さを学ぶ。	・現代社会における経済活動で知的所有物・知財権が重要な意味を持つことを確認させる。併せて国際競争にも言及する。	国際競争力データ	一斉(講義)
備考		パワーポイントを用いた発表。	同じ条件で教師も発表(生徒が判定)。		

① 生徒考案激辛麺 刺激的な辛さを追求した麺

② 生徒考案クイズ(問題)付きのカップ麺 受験生の夜食に

③ 生徒考案豪華な容器が"ウリ"

④ 教員考案お湯も水もいらない麺 被災地への救援物資として

図5−1 授業で考案されたカップ麺

※意匠権・商標権・著作権を示す。写真のカップ麺のラベル画像は本書掲載のためオリジナルのものに差し替えてある。

図5−2 図5−1のラベルを利用した知財用語説明のための教材

実践例で紹介したカップ麺（お湯を注ぐ必要のない麺）のパッケージ（ラベル）に映画「夜のピクニック」のポスターを使用している。これは株式会社松竹の担当者から教育目的での校内での使用許可を受けた著作物である。但し©を付すことが条件である。パッケージから意匠権・商標権・著作権を説明するオリジナル教材となった。

●実践の成果──────
　カップ麺の新商品開発は模擬体験ではあったが，自ら考案した商品への愛着は著しく，優劣が決まる瞬間は真剣そのものであった。この体験を通して苦労してつくり上げた物，努力して開発したオリジナル商品についての価値を理解することができ，自他の知財を尊重する精神の培養に効果的であった。

●実践者へのアドバイス──────
　ものづくりによる創造性教育・知財教育を実践する場合は，生徒が考え工夫したことが"かたち"になることが大切である。そのためには題材を身近なものとすること。比較的短時間で簡単に制作することができるものにすることが条件となる。なぜならば，自らの創造物が完成することで生徒は達成感・成功体験をすることができ，取り組みそのものを深く脳裡に刻み印象深い学習となるからである。また，建学祭（文化祭）やその他の学校行事の中に創造性教育の材料（教材）は多く，知財教育への応用が可能である。

●行事に関連した知財学習例──────
　体育祭やクラスマッチに関連してクラス旗を作成するときに教材として用いることが出来る。文化祭における模擬店CMや自作映画。本校では飲食模擬店を宣伝するCMの制作や自作の映画づくりを実施するが，これに関連して画像や音楽の著作権，キャラクターデザインなどを題材として知財学習を実施している。CMづくりには「絵コンテ」を映画や劇については「あらすじ」「シナリオ」づくりを行いこれらを通して知財を体験的に学習している

（笠井貴伸）

映画「錆びた拳銃1944」シナリオ

終戦から四十年。高校で物理を教える平田恒敏は生徒思いで優しい先生として生徒たちの評判がよい。そんな平田先生ではあるが時折「悲しい」表情を浮かべることがある。クラスの生徒たちはなぜだろうと心配していた。

ある時一人の生徒が家族で行った海外旅行で思いがけないものを手にする。錆びて使い物にならない拳銃である。修はその拳銃をフィルム保護用の容器に入れて日本に持ち帰る。

放課後、教室で仲間たちに拳銃を見せる修。仲間たちも興味をもつ。修がふざけて拳銃を撃つ真似をすると銃声とともに閃光が走り

タイムスリップする。しばらく意識を失っていた修。気がつくとそこは南太平洋の激戦の島であった。敗走する日本軍と出逢う修。最後の総攻撃の準備を進める小隊の中に若き日の平田恒敏伍長がいた。
「君は誰だ」「どうしてここにいる」「学生か」曹長が尋問する。「五高生です」・・・
「俺たちも九州出身だ」・・・
しかし、少尉は修を怪しむ。その時、「敵兵がいます」曹長が叫ぶ。
「どこから来た」「兵力はどれぐらいだ」「真実を述べよ」「兵二名をさし向ける。一人の米兵を捕虜とする。戦闘の末、少尉は兵二名をさし向ける。
しかし戦況はいよいよ厳しくなり最後の突撃の時間がせまる。英語が出来る平田伍長に捕虜の処遇を命じる少尉。
日没がせまり曹長からも捕虜の処分を命じられる平田伍長。「俺たちは先に行くから捕虜を処分したらすぐに後を追え」
しかし捕虜と話す中で、米兵にも自分と同じ教師になる夢があること。そして決して戦争を望んでいるわけではないことを知る。
平田伍長は捕虜の処分を躊躇した。
捕虜を解放した平田伍長は先に行った曹長や部下の後を追い自決をはかる。しかし茂みに隠れて一部始終を見ていた修は「やめてください。何をするのですか。」間一髪、拳銃を取り上げ海に向かって投げ捨てる。
その時、再び銃声が響き、閃光が走る。気

がつくとそこは教室であった。
「お前何やってんだ」「いきなりひっくりかえるなんて、まったくどんくさいやつだな」
「顔色がわるいぞ。大丈夫か」心配する仲間たち。
「わかったんだ」「平田先生の気持ちが・・・放課後の教室は静まりかえる。「でも分かったんだ」・・・

原作　平田恒敏　脚本　笠井貴伸

図5-3　映画のシナリオ

図5-4　自作ポスター

（例：自作映画のポスターとパンフレットづくり）　映画「錆びた拳銃1944」のあらすじとポスター（いずれもオリジナル）

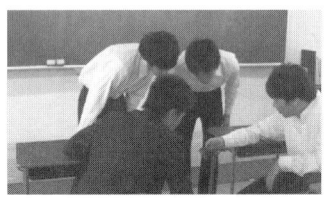

図5-5　完成した映画のシーン

5.2 高校

学校設定科目「知的財産」の実践
必履修の共通教科・科目「知的財産」の新設を目指して

高校・工業科第1学年：学校設定科目「知的財産」 計35時間

● 概要―――――――

　筆者は，教員に採用された1981年に，「発明教育（造語）」を工業教育に入れるべきだとして，独学で勉強し，当時の発明学会（民間団体）の会員になるなど，様々な活動をしてきた。また，生徒と共同研究した「人工筋肉（最終的にブリヂストンが権利を取得）」を特許出願し，その教材化を図るなどしてきた。周囲から，学習指導要領以外のことはしてはいけないという指摘があり断念したが，発明教育の必要性をずっと訴え続けてきた。その後，福岡県の篭原裕明先生に指導していただき，特許庁，文部科学省や愛媛県教育委員会とも相談の上，学校設定科目「知的財産」の実施に至った。

　筆者は，平成13年度に勤務していた愛媛県立松山工業高等学校において，INPIT主催「産業財産権実験協力校」事業に参加し，知財に関する授業の実践を開始した。この年に，1年かけて様々な教材を開発した。平成14年度には教材が整い，現在まで毎年，授業（「課題研究」「知的財産」「情報技術基礎」など）を続けている。平成14年度に異動した先の愛媛県立今治工業高等学校でも同様に講義を続けた結果，平成19年度より電子機械科1クラスを対象とした学校設定科目「知的財産」1単位を教育課程に位置づけることとなり，本格的な授業を開始した。この学校設定科目は，平成22年度まで4年間実施された。平成23年度以降は，その内容は，「工業技術基礎」の中に取り入れられて続行されている。また，平成25年度からは，新学習指導要領準拠の実教出版「工業技術基礎」を活用して継続される予定である。

● 学校設定科目「知的財産」設定のねらい――――――――

　ねらいおよび目的は，「産業財産権を中心とした知的財産の基礎的・基本

的な知識や特許情報検索などの技術を習得させ，現代社会における知的財産の意義や役割を理解させるとともに，産業の発展を図る創造的な能力や実際に活用する能力と態度の育成を目指す」ためである。教育内容の特色としては，机上で実践可能な「創意工夫演習」（発想→スケッチ→アイデア作品製作→評価→発奮）という独自の「創造性育成と意欲育成のための教材」を開発し，実践を重ねている点である（後述）。本節では，これらの実践活動の内容を報告することにより，知的財産創造立国実現に向けた，専門高校のみならず広く教育の場における「豊かな未来を切り拓くことのできる人材育成」の一助としたい。

● 学校設定科目「知的財産」の学習目標

教育の目標として掲げた4点を以下に示す。学習指導要領に準拠した教育課程の中に，知財のエッセンスを少し加えるだけで，今までにない中身の濃い教育内容となり，教育効果が上がる。

①	「課題解決に向け考え抜く力」の育成
②	「新しいものを創り出す豊かな発想力」の育成
③	「創意・工夫する意欲と力」の育成
④	「ものづくり力」の育成

● 実践の展開その1（教材開発の経緯と普及活動）

前述の通り，筆者が平成13年度に独自に生み出した発想訓練の教材（「創意工夫演習」と命名）には，「日本古来の折り紙も発明のヒント（ミウラ折りの体験）」「紙片でペンを保持する演習」「組合せ演習（「AとBとCで」：砂糖・マドラー・ミルクを組み合わせたアイデア製品を開発する演習）」「要素分解・再構成演習（「新商品アイデア歯ブラシの開発，アイデアはさみの開発」）」「針金で新型ゼムクリップ（その他，アイデア紙コップ，アイデア付箋など）を創作させ，IPDL検索し，権利について学習する演習」などがある。また，2002年8月には「紙タワー」教材も開発した。一連の教材の一番大きな特長は，教室で一斉授業ができる点である。もう1つの特長は，費

用があまり掛からず，準備にそれほど労力が掛からない点である。これらの点は，普及させるための大切な要素である。

「課題を与え，発想させ，アイデアスケッチをさせ，すぐさま机上でものづくりを実践させる。さらにIPDLで検索させて，権利化までの一連の流れを教える。」という教育手法は「NAITO式（内藤式）知財教育法」として整理し，2007年11月10日に山口大学で開催された日本知財学会知財教育分科会第5回知財教育研究会において，また，08年6月28日に日本大学で開催された日本知財学会第6回年次学術研究発表会で発表した。こうした机上で簡単にできる創造性教育および知財教育の手法が，最適な教材として全国に広まって定着するように，㈱教員研修センター主催の産業・情報技術等指導者養成研修での講義，執筆活動，講演，時には公開授業などの活動を展開してきた。その結果，平成25年度から実施される新学習指導要領に準拠した文部科学省検定済教科書「工業技術基礎」に9頁にわたり記載されるなど，徐々に広がりつつある。30年来の夢の1つが叶ったと感じている。今後のますますの応用・発展を期待している。

● 実践の展開その2（学校設定科目「知的財産」の教育内容）────────

教育内容（シラバス）を表5-1に示す。また，このシラバスに準拠した毎時間の授業計画の一部（初回の授業の板書計画）を表5-2に示す。筆者の実践は1単位であったが，2単位以上が理想である。制度に関する講義もあるが，前述の通り，特色である「創造性を高める教育」を中心に報告する。

① テーマ「2　人間とものづくりと発明　(2)先人に学ぶ」

　エジソン，松下幸之助，本田宗一郎などの発明家の偉業を映像で紹介し，興味づけをする。

② テーマ「5　発想技法」

　生徒を指導する中で，自由闊達にアイデアや意見を出させるため，ブレインストーミング，KJ法を実践的に教える。また，「意見や考え（アイデア）を整理し，集約する」手法として優れているマインドマップも教え，身近なテーマで訓練し，平素から活用できるように指導した。また，「創造とは何か，創造力を高めるためにはどうすればよいか」とい

表5－1　学校設定科目「知的財産」シラバス

教科	○業	科目	知的財産	単位数	1～3単位
学科	○○○科	学年	○学年	履修	必履修
学習目標	産業財産権を中心とした知的財産の基礎的・基本的な知識と技術を習得し，現代社会における知的財産の意義や役割を理解するとともに，産業の発展を図る創造的な能力や実際に活用する能力と態度を身に付ける。					

	学習項目	評価規準【評価の観点】
学習内容	1　オリエンテーション 　(1) 何を学ぶのか 　(2) 社会が求める人材 2　人間とものづくりと発明 　(1) 人類の進化と発明 　(2) 先人に学ぶ 　(3) 先輩に学ぶ（パテントコンテスト入賞例） 　(4) 身の回りの発明品 3　知的財産権制度の基礎 　(1) 産業財産権のいろいろ 4　創造力の源と学習 　(1) ものづくりと数学 　(2) 発想とものづくり（ミウラ折りの体験） 5　発想技法 　(1) 常識を打ち破る 　　　脳からアイデアが出る原理 　　　ブレインストーミング 　(2) 発散技法 　　ア　強制連想法 　　　　オズボーンのチェックリスト演習 　　イ　自由連想法 　　　　マインドマップ演習 　　ウ　要素分解・再構成法 　　エ　発明家やクリエーターの発想法に学ぶ 　　　　エジソン，宮崎駿など 　(3) 収束技法 　　ア　KJ法 　(4) バイオミメティクス（生体模倣） 6　創意工夫演習 　(1) 紙片で　ペンを保持 　(2) 紙タワーの創作 　(3) 組合せ演習（AとBとCで） 　(4) アイデアはさみ（歯ブラシなど）の開発 　(5) 新型ゼムクリップの開発 7　特許電子図書館 　(1) テキスト検索 　(2) 自分の発明を探そう（ゼムクリップ） 8　専門家に学ぶ 　(1) 創業者の創業人生（企業経営者） 　(2) 弁理士に学ぶ（弁理士） 　(3) 企業の知的財産管理（企業知財管理者） 9　総合演習 　(1) 自分で考えた発明を出願するには（模擬） 10　日本の知的財産 　(1) 日本の未来を創る 　(2) 私たちの進む道 11　1年間のまとめ	1　学習内容を理解する。【D】 　　求められる人材を知る。【D】 2　人類の進化とものづくり・発明の関係を理解する。【D】 　　特許になる発明とは何かを理解する。【D】 3　産業財産権には，特許権，実用新案権，意匠権，商標権があることを理解する。【A・D】 4　創造力を高めるためには学校での学習活動が大切であることを知る。【B・D】 5　新しいアイデアを創出する手法と意欲を身に付ける。【A・B・C・D】 ・脳からアイデアが出る原理を理解する。【D】 ・ブレインストーミング，オズボーンのチェックリスト，マインドマップを理解し，活用できる。【A・B・C・D】 ・要素分解・再構成法を理解し活用できる。【A・B・C・D】 ・ヒット商品開発秘話を知り，ものづくりの意欲を高める。【A・D】 ・KJ法を理解し，活用できる。【A・B・C・D】 ・バイオミメティクスを理解する。【A・B・D】 6　発明・創意工夫する意欲を身に付ける。【A・B・C・D】 ・発想技法を実践で活用する。【A・B・C・D】 ・粘り強く挑戦する意欲を身につける。【A】 7　特許情報に関する基礎的な知識を身に付ける。【A・D】また，特許電子図書館で簡単な検索をする。【A・C】 8　願書，特許請求の範囲，明細書，図面，要約書の書き方を理解する。【D】また，起業について理解する。【A・D】日本の知的財産戦略や特許戦争について世界の現状を知る。【A・B】 9　権利取得の意欲を身に付ける。【A】 ・出願の基礎知識を身に付ける。【B・D】 10　発想豊かでものづくりのできる企業人を目指す意欲を身に付ける。【A】 11　一年間のまとめ。【A・B・D】
観点	【A】関心・意欲・態度　【B】思考・判断・表現　【C】技能　【D】知識・理解	
評価対象	教師の観察による評価，ノート，感想文，小テスト，定期考査，ワークシート，レポート，作品，出願書類（模擬），ポートフォリオ，発表，出席状況の総合評価	
教科書	「産業財産権標準テキスト（総合編）」特許庁，（独）工業所有権情報・研修館	
備考	評価規準は，学習の到達目標にもなっている。	

表5-2 授業（板書）計画

```
┌─────────────────┐   ┌─┐   ┌─────────────────────────┐
│  本日のテーマ    │   │ │   │ 準備物                    │
│  何を学ぶのか？  │   │1│   │  標準テキスト（総合編）(見本)│
│                 │   │ │   │  クリアブック40冊，表紙    │
└─────────────────┘   └─┘   │  用紙（ノート用）80枚      │
                            └─────────────────────────┘
```

┌──┐
│「知的財産」1単位　　　　　　　　＜評価＞   │
│ ＜準備物＞・標準テキスト　　　　　・授業態度   │
│　　　　　・クリアブック　　　　　・期末考査や小テスト   │月
│　　　　　×ノート不要　　　　　　・学習プリントなど課題 │
│ ＜何を学ぶのか？＞　　　　　　　・ノート（資料の整理）   │日
│　考える力＋知識　　　　　　　　　　（クリアブックの中味（学習の蓄積））│（　）
│　・知的財産はなぜ大切なのか？　　・作業   │
│　・日本の特許制度の仕組み（法律）・話し合いなど共同作業，発表│時
│　・アイデアを出す訓練　　　　　　・アイデア，創造性   │限
│　　→3年課題研究アイデア作品　　＜企業や社会の求める人材とは？＞│目
│　・出願の方法   │
└──┘

＜授業展開のポイント＞
日本の将来のために知的財産を学ぶことが大切であることを強調する。
評価方法について納得させる。
企業や社会が求めている人材について考えさせる。
どういう企業人になるべきかを生徒に考えさせ，自分が置かれた立場を自覚させる。

【評価方法】

	方法（対象）	略称	説明　及び　留意点
評価表の利用	生徒による自己評価	自己評価	自身の学習の態度や過程を自己観察させる。
	生徒相互による評価	相互評価	発表などで生徒をお互いに評価させる。
	教師の観察による評価	観察	教師により生徒を客観的に観察し評価する。
考査，小テスト		テスト	知識の量を評価する。
ワークシート		ワーク	ワークシートへの書き込みの程度を評価する。
レポート		レポート	課題に関して報告内容を評価する。
アイデア作品		作品	アイデア作品の独創性や工夫の程度を評価する。
出願書類		出願書類	模擬出願書類を評価する。
ポートフォリオ		ポート	学習活動で蓄積された記録や資料を評価する。
発表態度		発表態度	真摯でまじめな態度で発表したかを評価する。
発表内容		発表内容	要点を分かりやすく伝えられたかを評価する。
出席状況		出席状況	授業の参加の程度を評価する。

（初回の授業分のみ提示）

うテーマで，脳からアイデアが出る原理を学ばせたり，オズボーンの
チェックリストなどの簡単な発想技法に関する講義をする。
③　テーマ「6　創意工夫演習」
ア　「(1)紙片でペンを保持」

　　4センチ×14センチ（面積が小さいほど難しくなる）のケント紙と
はさみだけでペンを垂直に保持するという課題に挑戦させる。この課
題を解決するために，生徒は智恵を絞る。考え，創り，試して失敗し，
また考えるという「創造スパイラル」を繰り返す。このスパイラルの
回転がやがては素晴らしい解決策を生む。スパイラルを体感させ，「良
いアイデアが出たらまず試す」という積極的な行動力を身につけさせ
ることも大きなねらいの1つである。つまり，頭の中だけで「きっと
無理だろう・・」と考え実行しない理屈人間から，「できるかどうか，
まずは試してみよう！」とする実行力のある人間に意識を改革するこ
とが大切である。また，日本が抱える「資源が少ない」というハンディ
も常に意識させ，「少ない材料でも智恵（＝知財）で解決することが
できる」ということを教えることも，極めて重要である。
イ　「(2)紙タワー」

　　約15センチ×15センチの厚紙（面積が小さいほど難しい）とはさみ
だけで，極力高いタワーを創るという課題に挑戦させる。この課題の
ねらいは，前述の「紙1枚でペンの垂直保持」と同等であるが，この
課題には大きな特色がある。それは，評価方法が単純明快であるとい
う点だ。制限時間内（私は20分としている）に床から何センチの高さ
まで安定したタワーが完成したかを測定さえすればよい。これは完全

図5-6　発想技法に関　　図5-7　紙片でペンを　　図5-8　紙タワー
　　　　する講義　　　　　　　　　保持

な客観的評価であり，主観は入らない。ここでの課題は「極力高いタワーを創れ」であるから，評価するのは高さだけで，美しさやデザインなどを評価の対象とする必要はない。

　暗記中心の科目の授業では，学習に興味を失い，学ぶ意欲が失せたようにも見える生徒が，この授業では目を輝かせて一心不乱に課題解決に向け粘り強く挑戦する姿に感動することが多い。何よりも大切なポイントは，どんな作品であれ絶対に腐さないことである。低いタワーでも，その生徒個人の智恵の結晶であり，人格でもある。「だめな作品」は1つも無いのである。工夫した点を見つけ出し，ひたすら褒めたい。

ウ　「⑶組合せ演習（AとBとCで）」

　ミルク（A）と砂糖（B）とマドラー（C）をそれぞれ組み合わせた便利な新製品を考えさせる。AとB，BとC，AとC，AとBとCの組み合わせだ。思わぬ良いアイデアが出ることがあるが，評価は質より量を重んじる。次々と発想させ，潜在能力とやる気を引き出すことが大切で，アイデアを批判してはいけない。

エ　「⑷アイデアはさみの開発」

　就職して，企業の新商品開発部に配属されたという設定で指導する。

　クラスを4～5名の班に分け，ブレインストーミングにより「便利なはさみ」や「かわいいはさみ」など売れる新商品のアイデアはさみを話し合わせ，創出させる。アイデアは図に描かせ，班別に発表させる。ここでも大切なことは，批判しないことである。

　時間にゆとりがあれば，「アイデア歯ブラシ」などをテーマに実施しても良い。

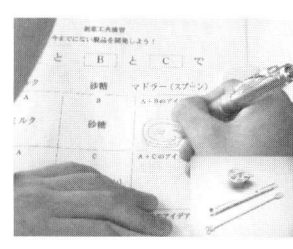

図5-9　組合せ演習（AとBとCで）

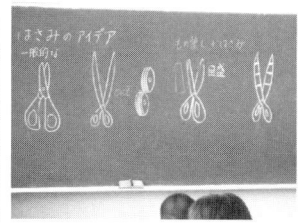

図5-10　アイデアはさみの開発

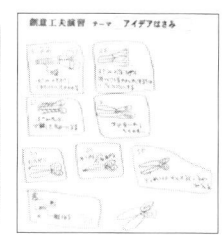

図5-11　生徒のアイデア

図5－12　新型ゼムクリップの構想　　図5－13　新型ゼムクリップの試作　　図5－14　IPDLで先行調査

　オ　「(5)新型ゼムクリップの開発とIPDL検索演習」
　　まず，市販のゼムクリップを１つずつ全員に配付し，使用させ，製品の持つ機能や特色を話し合わせ，まとめさせる。次に，市販品よりも「便利である」「かわいい」「使いやすい」など売れそうな新製品を考えさせ，できるだけ多くのアイデアスケッチを紙面に記入させる。次に，スケッチの中から一番良さそうなものを選ばせ，それを針金とリードペンチで製作させた後，試作→実験→改良を繰り返させ，完成度を高めさせる。最後に，IPDLで特許権，実用新案権，意匠権に同類のものがないか検索させ，権利化について教える。

●実践の展開その３（評価）
　評価については評価規準を定めている。また，実際に成績を算出するための評価基準も設けている。それにより，教師の観察，視聴覚教材感想文，講演感想文，小テスト，定期考査，ワークシート，レポート，アイデア作品，出願書類（模擬），ポートフォリオ，発表，出席状況などをそれぞれ点数化し，合理的・総合的に判断し，成績を算出する。

●実践の成果
　通年で授業を展開する中で，生徒が生き生きと活動し，新しい発想をして，知財を生み出そうとする気概が身につく様子が観察できた。
　次期学習指導要領に，すべての高校生が学ぶ（必履修の）共通教科・科目「知的財産」が新設されることを強く望む。

●実践者へのアドバイス――――――

　以上紹介した「課題を与え，発想させ，すぐさま机上でものづくりを実践させる。さらにはIPDLで検索させ，権利化まで教える。」という一連の教育手法「NAITO式（内藤式）知財教育法」が，創造性教育および知財教育の教材として広く採用され，応用されて，定着することを強く期待する。

（内藤善文）

参考文献
文部科学省「高等学校学習指導要領」（2009年3月告示）
山口大学（2008）『知的財産教育教本』山口大学現代GP
文部科学省（2012）『工業技術基礎』（7実教　工業301）実教出版
内藤善文「学校における知財教育の具体的指導例」産業・情報技術等指導者養成研修テキスト
内藤善文（2009）「工業高校における創造性育成のための知財教育の実践」日本知財学会第7回年次学術研究発表会要旨集
内藤善文（2010）「工業高校における創造性育成のための知財教育の実践」同上，第8回要旨集
内藤善文（2011）「豊かな日本を拓くための知財及び創造性教育の意義と位置づけ」同上，第9回要旨集
内藤善文（2012）「将来発明者になりえる人材を育成するための国家戦略的教育プランの提案」同上，第10回要旨集

5.3 高校

「商品開発」の授業の試行
オリジナル商品「おいしくってほれ茶った」を商標登録

高校・商業科第3学年:「課題研究」各35時間

● 概要

　四日市商業高校では，2003年度から04年度にかけて，課題研究に「知的財産権を学ぶ」講座を設置して希望生徒を募り，知財教育の内容や方法の試行を行った。2003年度の「特許・登録商標を取るための実務」では，商業高校の授業内容として商標権の権利化の学習を取り扱った。04年度の「三重の商標の実態調査と分析」では，既存の地場産商品の商標実態調査を学習活動として行い，商品開発を提案した。05年度の「知的財産を活かしたオリジナル商品開発」では，地場産の商品を新規開発することにし，「おいしくってほれ茶った」を実際に商標登録した。

● ねらい

　商業高校卒業生は，事務職への就職が多い。かつては，銀行をはじめとした大手企業や全国区の大企業の営業・生産拠点からの求人も多数を占めたが，昨今，地元の中小零細企業への就職が増加してきた。中小零細企業では，高い技術やサービスを持ちながら，特許権や商標権を取得する人材が存在しないことも多い。そこで，高校を卒業してすぐに企業に就職した者が，商品開発を行うことができるとともに，知財の知識や実務を用いて企業の発明・考案や商標などを権利化できる人材を育成する必要がある。

　本実践では，企業マネジメント面で知財を活用できる人材を育成するために，弁理士との意思疎通に介在するために必要な基礎知識を習得させ，現場の技術者と弁理士をつなぐ「知財インタプリタ」を育成することをねらいとする。

●実践内容──────
(1) 特許権・商標権を取得するための実務
　特許権や商標権を取得するための書類作成や手続きなどの実務を学習する活動を行った。最初に，当時社会の話題を集めた「阪神優勝」の商標登録をめぐる話題から，知財権制度について学習させ，実際に特許庁に対して出願するための手法を学習させた。また，身の回りの商品から登録商標の表示状況や，事例研究として商品の一般名称化阻止に向けての企業の対応などを調査し報告書にまとめる作業を行った。生徒は，「特許庁への出願は高度な書類作成が必要で，弁理士などに依頼しなければできないかと思われがちだが，高校を卒業してすぐに企業に就職する者も，一定の知識を持てば，即戦力として活躍できることがわかった」と述べている。

(2) 三重の商標の実態調査と分析
① 生徒が知財を説明する力
　商標を自らの言葉で説明する学習を行った。商標を説明するために，3種類のお茶のペットボトルを用意し，1本目は購入したままの状態，2本目はラベルシールをはずした状態，3本目はラベルそのままで中身を入れ替えた状態で示すことによって，ラベルシールがないと信用されないこと，ラベルがあれば商品の出所がわかり，商品の出所表示，品質の保証，広告・宣伝の3機能があることを説明した。また，商品の偽造を防ぐための方法であることを考えさせた。
② 商品試買調査の学習活動
　次に，実際に大型量販店の食料品売り場で商品の試買調査学習を実施した。生徒は商標を意識しながら，1人あたり1000円程度で自由に買い物を行い，購入品の商標の実施状況，登録状況を調査した。その結果，商標の表示である「TM」や，登録商標を示す®マークの表示は72％であったこと，試買品の製造・販売会社の所在地は，東京都が74％と圧倒的に多く，大阪府7％，三重県，兵庫県，広島県は3％と低いことを明らかにした。また，地元である三重県産の商品が少ないのはなぜなのかを解明するため，大型量販店において三重県に所在する製造業者の商品を探して購入した。その結果，購入商

品は全般に知味でシンプルなデザインであり，商標登録に至っては皆無に近い状況であることを明らかにした。

調査から，特に，高校生にとっては興味を示す商品は極めて少なく，デザインやネーミングの重要性が浮き彫りとなった。ネーミングについては，類似した2社の会社名から，両社に問い合わせを行い，商標に対する意識を聞き出したが，生徒は，消費者の立場になって惑わされない配慮が必要であるとの意見を述べるに至った。

③　商品販売の意義を学ぶ学習活動

さらに，商品の購入場所として大型量販店だけではなく，旧来の商店街の現状に目を転じて，チャレンジショップの試みや商業高校が商店街に開設した販売店も視察した。そこで，商店街の賑やかさには大きな差異があること，都市再開発によって整備された一見近代的な商店街でも必ずしも人の流れは多くなく，かえって古びた旧来の商店街の方が人情味や活気があることから，地域の商店街の活性化に尽力できることは何かを考えさせた。これらの学習を踏まえ，生徒は，人々が親しみをもてるユニークな商標を創出して付加価値を高めて人々の流れを取り戻し，商店街を再生・活性化しようとする提案を行った。

(3)　知的財産を活かしたオリジナル商品開発[1]
①　商品開発と商標出願

2004年度の学習では，生徒は三重県産の商品は認知度が低いことを指摘した。05年度はこれを受けて「地産地消」を目指して，地域の特産品を用いたオリジナル商品を開発・販売することにした。地域の特産品のうち，生徒の日常生活でもなじみ深い伊勢茶に着目し，オリジナルのペットボトル商品を開発し販売することにした。まずは，素材がどのような環境で，どのように育てられ製茶されているのかを知るため，茶農協の協力を得て，四日市市水沢町の茶畑に実際に出向いて，茶摘み体験を行った。そして，これを原料の一部として商品化することにした。商品化計画のために最初にネーミングを検討し，生徒各自がKJ法で自由に商品名を提案した。複数の案が挙がる中，ある生徒は「商品に対して良い印象を持たせ，消費者の購買の促進するうえ

で，いかに商品名が大切な役割を担っているがわかってきました」と述べた。さらに，「消費者の注目を引き，商品に対しておいしそうなイメージを与え，高校生らしさが伝わる」商品名を検討した結果，商品名を，『おいしくってほれ茶った』に決定した。他社製品に先願がないかをIPDLで検索を行った上で，商標出願をした。

② 商品デザインの検討

次にシュリンクのデザインに移った。まず，ペットボトル市場の規模とデザインの傾向を知るため，全国各地で実際にペットボトル製品の収集調査を行った。

当初，既存商品と差別化を図るデザインとして，人々の注目を集めるデザインを目指してデザインカラーの考案を進めた結果，紺・ピンク・緑の3色の案に絞られた。生徒の間ではこの中から，一旦，ピンクを基調としたパッケージに意見がまとまった。「ピンクは，『高校生らしさ』を出せて，ネーミングのイメージにも合い，ぱっと見て目立つ色だと思った」との意見が出る一方，「それに決定する前に，まずこれら3つのデザインの中で，どの色が好まれるのか，アンケート調査を行ってみる」こととなり，その結果，最も好まれた色は，ピンクではなく，緑であることを明らかにした。

また，緑茶のパッケージにピンクを使用することは良い印象を持ちにくいことがわかり，生徒は，再度デザインカラーを再検討することにした。そこで緑茶ペットボトルに対する消費者の考えを知るために，アンケート調査を実施した。これらの結果を踏まえた上で，再度パッケージの色を話し合い，意見をまとめた結果，「緑茶に対する人々のイメージは緑色で，ひと目でこの商品が緑茶だと認識してもらうためにも，パッケージは緑色が良い」という結論に達して，パッケージは緑色を基調とすることに至った。

次いで，字体・ロゴを考えることになった。まず，ロゴによって買い手にどのようなイメージを与えたいかをまとめることにした。ここでも，「高校生らしさを出したい」「丸文字や，形を崩した文字，そしてハートマークをつけるのが良い」という提案があり，イメージ画を作成した。しかし，確かに「高校生らしい，かわいい」と思われるイメージのロゴではあるものの，緑茶のイメージがわくかという点で検討すると，「丸文字や崩れすぎた文字

では緑茶に適さないのではないか」，また，「真っ赤なハートマークも，パッケージの色とは合わない」との意見が出て，再度検討することになった。そこで再度，デザインカラーを考える際に全国から集めた緑茶ペットボトルパッケージに注目した。緑茶といえば，「和」というイメージがあるという意見が出され，「字体は主に毛筆体・楷書体等が緑茶のイメージにふさわしい」と決めた。デザインカラーの検討と同様に，消費者の抱くイメージを大切にしたいと考え，「高校生らしさを出しつつも和風なロゴはどんなものだろう」と，試行錯誤を重ね，遂にこの条件に合うロゴにたどり着いた。生徒は，「これなら，どの世代にも受け入れやすいロゴだと思います」と述べていた。

　このパッケージデザインをイメージ図にして，ペットボトルの製造業者に送った。数日後，業者からデザイン案（図5－15）が届いた。しかし字体も色も自分たちのイメージとかけ離れたデザインに，生徒は驚いた。生徒たちは，この原因が業者とのコミュニケーション不足であることに気づき，この反省から，要望がより正確に伝わるように，直接話をすることによりコミュニケーションを図ることにした。こうして業者側は生徒たちの希望のデザインを理解してくれた。その後も，それらの図を基に推敲・修正を重ね，ついに生徒たちも納得できるデザイン（図5－16）が完成を迎えた。

③　原価計算と販売実習

　こうして商品計画が完成した。次に売価を決定するために原価計算を行った。製品原価のほか，入出庫料や保管料から1本の原価は125.74円となったことから1本の売価を130円以上にすることにした。実際に製造を開始し，

図5－15　シュリンク第1案　　　　図5－16　シュリンク最終案

生産の1ロットを2万4000本として，そのラインの一部で，9696本を製造することを決定した。そして四日市市役所の協力を得て，市内の商店街で空き店舗の店頭を借用し，生徒自ら経営する計画を立てた。「実際に販売するのだととてもわくわくしました」という期待感と同時に，「店舗を設けて販売することははじめての体験です。一体のどのように行えば良いのでしょうか」という緊迫感が生徒たちに立ち込めた。そのヒントを得るため，実際に県外で高校生が経営している店に出向いて視察をした。生徒たちは，陳列や接客など参考になる多くの点を発見した。生徒は，「これを活かして地域と一体化した，親しみのわく販売方法を目指して販売計画に取り組んでいきたい」と述べていた。

　販売実習として，各地のイベントや商店街での店頭販売を行った。販売価格は，原価計算から130円以上とすることに決めた。では，実際にどのように価格設定するのだろうか？　この課題を解決するために，生徒たちは商店街の店舗経営者に聞き取りを行った。その返答は「まわりを見なさい」であった。競合店舗があれば，その店舗の商品価格が参考になる。「他店より高ければ売れない，しかし商品に自信があるのであれば，逆に他店を上回ってもよい」と教えられた。こうした体験的な言葉は，どの教科書にも決して掲載されていないため，まさに生きた学習となった。

●実践の成果──────
　こうした商品開発一連の取り組みを通して，生徒が体感したことは5点ある。①商品の製造過程を見ること，②デザインの奥深さ，③ネーミングの難しさ，④商標登録，⑤人々との交流，である。「私たちは，消費者に信頼される商品を目指して頑張ります。皆さんも，ぜひ，『おいしくってほれ茶った』をお飲みください！！」と，全国産業教育フェアで行われた生徒商業研究発表大会で自信を持って語った生徒の発表が印象的であった。また，生徒たちが学校外に出向き，地域の人々との触れ合いの場を持つことができたことも大きな成果であった。

●実践者へのアドバイス―――――――

　こうしたプロジェクトは，教室内だけでは実現不可能である。多額の資金と商品に対する安全性など，企業や地域の人々との連携が必要である。

　商業高校での知財教育は，主として商品開発を通して展開されるが，その本質は知財制度を学習することだけではなく，もの（商品）やサービスの創造を学ぶことであり，そのプロセスとして知財の学習が存在すると考えたい。

（世良　清）

注
1)　世良清（2007）「知的財産を活かしたオリジナル商品開発の調査研究」産業教育振興中央会『産業教育に関する特別研究成果』第44集，pp.92-99

5.4 高校

工業高校における知財教育の実践
鹿児島県の事例

高校・工業科第1学年:「工業技術基礎」他

● はじめに────

　1999年3月の高校学習指導要領の教科「工業」の目標に,「社会の発展を図る創造的な能力と実践的な態度を育てる」と創造的な能力の育成が加えられ,原則履修科目「工業技術基礎」の内容の取り扱いに「工業所有権を簡単に扱うこと」との文言が記載された。2009年3月には「知的財産権を扱うこと」と改訂され,知的創造活動に対して権利保護を与える知財権の教育上の取り扱いが,より明確になった。

　平成12年度より,特許庁が専門高校を対象とした「『産業財産権標準テキスト(特許編)』の有効活用に関する実験協力校」事業が始まり,現在,INPITの「知的財産に関する創造力・実践力・活用力開発事業」に引き継がれ,これまで鹿児島県からは,加治木工業高校,隼人工業高校,吹上高校,鹿児島工業高校,霧島高校,鹿屋工業高校の6校が研究指定を受け,知財教育を推進してきた。

● 工業高校における知財教育の導入────

(1) 工業高校における知財教育の歴史的背景

　1995年に成立した科学技術基本法に関連して「工業立国」から「科学創造立国」への転換が唱えられている。翌年に中央教育審議会第一次答申,98年の理科教育および産業教育審議会答申では,教科「工業」の改善の具体的事項として「創意工夫を生かす実際的な技術者の育成をすること」と示され,これらも踏まえて99年に高校学習指導要領が改訂された。また,「知的財産戦略大綱」において「知的財産立国」が宣言され,「知的財産基本法」が制定された。そして,2003年からは,知的財産戦略本部から知財推進に係る計

表5－3　工業高校における知的財産教育に係る法令等とキーワード

時期	法　令　等	キーワード
1995/11	科学技術基本法	工業立国から科学技術創造立国へ
1996/ 7	中央教育審議会第一次答申	自ら学び自ら考える教育「生きる力」
1998/ 7	理科教育及び産業教育審議会答申	創意工夫を生かす実際的な技術者の育成
1999/ 3	高等学校学習指導要領改訂	社会の発展を図る創造的な能力の育成
2002/ 7	知的財産戦略大綱	児童・生徒に対する知的財産教育の推進
2002/12	知的財産基本法	知的財産戦略本部の設置
2009/ 3	高等学校学習指導要領改訂	知的財産権を扱うこと

画が毎年発表されている。「知的財産推進計画2012」では「教育委員会および関係部局に対し，教員に新学習指導要領に沿った知的財産の取り扱い方を適切に修得させるために，教員研修を始めとする機会を活用して知的財産に関する内容を扱うよう促す」と知財教育に関する施策が積極的に推進されるようになっている。法令等とそのキーワードは表5－3の通りである。

(2)　『産業財産権標準テキスト』について

　工業高校における知財教育は『産業財産権標準テキスト（特許編）』が作成されたことで大きく前進した。この標準テキストは，1996年に全国工業高等学校長協会が文部省，特許庁へテキストの作成を依頼し，98年からは全国の工業高校に無償配布（1学年人数分約14万部）されてきた。2006年に作成された商標や意匠も含めた『産業財産権標準テキスト（総合編）』が配布希望校に配付されてきた。

　そして，特許庁では標準テキストの有効活用に係る事業による教育活動を通じて，産業財産権教育の浸透と定着を図り，また，その研究成果を研究活用事例集としてまとめ，学校や教育機関に提供してきた。

　一方，平成15年度にはテキストの有効利用に係る教師用の指導資料として，『産業財産権指導カリキュラムと指導マニュアル（特許編）』が作成され，全国の工業高校に配布されたところである。そして，平成19年度からは，『標準テキスト（総合編）』の指導資料も作成・配付され，現在に至っている。

表5-4　鹿児島県の工業高校における知財教育に係る研究指定校

	高校名	研究指定年度	主なテーマ
1	加治木工業	H13～17, 20～24	ものづくりを通して創造的な能力を育成し，知財権を学ぶ
2	隼人工業	H15～17, 24	知財権の学習と特許取得について
3	吹上	H16	ものづくりを通しての産業財産権の研究
4	鹿児島工業	H17～18	産業財産権取得を目指したものづくりへの取り組み
5	霧島	H21～22	ものづくりを通して知財権を学ぶ
6	鹿屋工業	H21～23	ものづくり教育と連携した知財教育の推進

● 鹿児島県における知財教育─────

　平成13年度に加治木工業高校が特許庁から産業財産権実験協力校の研究指定を受け，具体的な知財教育の実践が始まっている。当初は，3年生の「課題研究」と「機械部」の生徒が発明したものを学校のパソコンから特許庁へオンラインで電子出願することを目標に活動していた。その後，隼人工業高校，吹上高校など併せて6校が研究指定を受け，今日に至っている。その概要を表5-4に示す。

● 加治木工業高校における知財教育─────

　教師用の指導資料のための実証授業や全国の教員向け特許セミナーを実施するなど，知財教育の推進役となっている加治木工業高校では1年生全員を対象とした科目「工業技術基礎」での継続的な知財教育が確立され，ものづくりを通して創造的な能力の育成に重点を置いた教育が実践されている。導入時期からの実践について次に示す。

(1)　平成13～15年度

　研究テーマを「学校からの特許電子出願」と設定し，まず，特許庁から「電子出願ソフト」を入手し，ISDN回線を通じて特許庁へ直接出願できるシステムを整えた。特許の明細書や出願手順のマニュアル作成にあたっては，県知的所有権センターの検索アドバイザーに指導を受け，実際に学校から8件の特許を出願している。明細書を作成し，学校のパソコンから生徒が直接，特許庁へ電子出願するものであった。

そして，2003年には県からIT教育活動の実践校の指定も受け，各教室をはじめ，実習室等にも校内LANが構築され，インターネットの利用環境も整い，「工業技術基礎」「実習」「課題研究」などの科目においても知的財産教育を推進できるようになった。教員向けの指導書である『産業財産権指導カリキュラムと指導マニュアル（特許編）』を作成するための実験協力校として，実証授業や教員対象の特許セミナーが実施された。

(2)　平成16〜19年度

　校内に知的財産教育を担当する「工業技術基礎委員会」が設置され，設置6学科すべての1年生の「工業技術基礎」において，授業が展開されるようになった。特に，機械科においては，「知財教育」「ものづくり教育」「情報教育」が連携した知財教育の学習サイクルを確立し，アイディアの創出から試作品を製作し，発表会を実施している。それを撮影した1分間ビデオが100本を超え，次回の教材として有効活用されている。

　この間，校内においては，①校内委員会の設置（行事の企画立案），②職員研修（年1回各科の授業報告），③知財教育セミナー（年間行事で定例化），④生徒の成果発表（各コンテストへの応募），⑤授業カリキュラム（シラバスの作成），⑥教材の作成（大学との連携・Web教材）が軌道に乗り，また，県総合教育センターでも知財教育の職員研修が始まり，充実してきた。

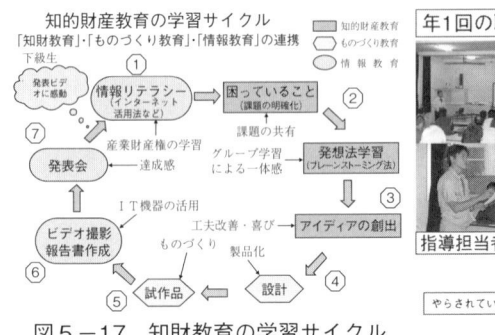

図5−17　知財教育の学習サイクル　　図5−18　職員研修

(3) 平成20～24年度

　生徒の知財権制度に関する基礎知識を向上させ，知的創造力を育成するとともに，実践的な能力の習得にも取り組むようになった。知財教育の教員の異動等があるものの，校内組織，教育課程，学校行事が連動しており，学校全体で取り組んでいる。特に，従来の専門教科の担当教員からなる「工業技術基礎委員会」を，理科と数学の教員も含めた「知財・工業技術基礎委員会」に発展させ，共通教科の授業でも知財教育を実践するようになったことは画期的である。また，県内の工業科，農業科，商業科，水産科による知的財産教育連絡協議会を立ち上げ，専門高校全体での知財教育を推進している。

●まとめ────

　工業高校における知財教育は，「創造的な能力の育成」と「知的財産権に係る知識の習得」の柱がある。前者はこれまでの教育の中で実践されてきたものの，ブレインストーミング法やKJ法などの発想技法やインターネットの活用などで学習内容として具体的に位置づけられるようになった。生徒から新たな発想が生まれることも多く，これまでの教師が生徒に教えるというスタイルからの意識改革が必要となってきている。

　後者は高校学習指導要領の科目「工業技術基礎」の中で知財権について扱

表5-5　加治木工業高校生の特許出願の状況

年度	番号	発明の名称	特許登録番号・公開番号
13	1	移動式スプリンクラー	特開2003-181346
	2	磁気画板の消去装置	特開2003-182287
14	3	切れて張り易いガムテープ	特開2003-018429
	4	可折式松葉杖	特開2004-089509
	5	動物用高さ調節器付き車椅子	特開2004-187937
	6	飲料用缶の開閉機構	特開2004-291990
15	7	空気圧用リバーシブルスピードコントローラー装置	特開2005-141350
	8	可折杖	特許3645563
16	9	ボール盤作業における加工位置合わせ装置	特開2006-110515
	10	弁当箱	特許3895761
	11	複数回蓋ができる飲料用紙パック	特許3902784
18	12	松葉杖用石突	特開2008-018183
19	13	ちり取り収納式製図用ブラシ	特許4185160
22	14	消しゴム	特許4634533

うことと示されており，産業社会や産業技術に関連する知財権について理解させることが必要となっている。情報モラルや著作権とも関連しており，教員の研修と講演会などによる効果的な外部人材の活用が必要となっている。また，発展型として特許権取得への挑戦も必要な場面も出てくる。その機会として，2003年からは全国工業高校長協会主催で「技術・アイディアコンテスト」，文部科学省，特許庁，弁理士会等主催で「パテントコンテスト」が実施されている。パテントコンテストは入選（支援対象に選ばれる）すると弁理士により支援され，1年以内の早期審査により特許になる可能性の高い実践的なコンテストである。出願手数料，審査請求料や3年間の特許料が主催者側で負担されており，工業高校生の特許権取得を身近にしている。これまで，加治木工業高校の特許5件に加えて，08年には鹿児島工業高校の1件，09年，12年には鹿屋工業高校の2件が入選し，特許権を取得している。

　ところで，なぜ，知財教育が継続できているか。そこには生徒の生き生きとした姿があるからではないか。知財教育を通して「工業高校っておもしろい」「工業高校に入学して良かった」と思わせたい。そして，工業高校に入学してきた生徒全員に「工業について学びたい」と言わせられる知財教育を目指したい。

（満丸　浩）

5.5 高校

商業教育における
知財教育の実践研究１
地域との連携による商品開発の取り組み

高校・商業科第２学年　学校設定科目「商品開発」

● はじめに————————

　北海道下川商業高等学校の学校設定科目「商品開発」の特色は，大きく２つある。１つは，２年生全員が必修で学ぶこと，２つ目は地域と連携した知財教育を活用していることである。

　本授業のねらいは，①生徒が地域の産業と連携した商品開発を経験することで，知財に関する知識と実社会で取り組まれている知財業務とを関連づけることができるため，本授業で学習した知識をさらに深めることが期待できること。②生徒が実社会とのかかわりを持つことにより，職業観や勤労観を育むことができ，その結果，社会の一員としての役割を理解し主体的に生きていくために必要なキャリア形成能力の育成を図ることが期待できること。

　以上の２点が主たる理由である。

● 学校設定科目「商品開発」１学期の内容について————————

　１学期は商品開発と知財教育の意義について学習する。

　①学習の意義・目的についての指導から始める。この内容は，現代ビジネスの特徴を素材に指導をする。

(授業事例：一部抜粋)

　「商業」と言えば，商品を仕入れて販売するといった仕入・販売活動がこれまでの中心でした。しかし，現在では，「商業」は「ビジネス」へと変わり，単なる仕入・販売活動だけでは，社会の変化に対応するのが難しくなっています。IT時代の中インターネットをつなげば，日本はもちろん，世界のいたるところの商品が手に入る時代です。そのため，多種多様な商品が存在する中で，消費者のニーズに対応したオリジナルの商品を提供することが重要で

> す。特に最近では，企業は他から仕入れてきた既存の商品を販売する他に，より消費者の購買意欲をかき立てる自社製品を企画して販売するようになっています。つまり，新しい商品を生み出し，新商品を企画することが，「ビジネス」として成り立つ時代になっている。

以上のような内容である。授業ではKJ法やディスカッション等の手法を活用する。

②具体的事例を示すことにより，生徒に実感させながら，考えさせる授業を展開する。特に，大手企業やコンビニ等のオリジナル商品を題材に扱うことにより，生徒は興味や関心を高め，積極的に授業に取り組むようになる。

③日本における知財戦略について指導する。特に，20世紀が終わり，バブルがはじけて日本経済は産業競争力を衰退させ，政府はこの状態を脱却するために人類特有の知的創造能力に着目し，具体的施策として2002年に知財戦略を宣言した。これらの経緯を具体的に示し，今日まで政府全体で知財戦略に関する取り組みが実施されていることを理解させる。その後，各権利の特徴について学ませる。

　テキストとしては，『産業財産権標準テキスト（総合編）』を使用している。このテキストを活用する理由は，毎年無料で配布されることと，本テキストに準拠した産業財産権指導マニュアルと指導マニュアルという指導書も無料で配布されているからである。

　この指導書には，学習指導案や評価規準例や小テストや全国の指導事例が掲載されているので，授業づくりに，すぐ活用できる利点がある。また，特許庁のHPにも，知財権についての資料がある。これも各権利について指導するときに有効に使っている。

④権利の「創造・保護・活用」について指導する。この理由は，今日の商品開発は，加速化する技術革新をうまく取り込み，他者とは異なるコンセプトの商品を提供することに重点が置かれているからである。

　世界的にも，商品の差別化戦略で独自のビジネスモデルをいち早く実現した企業が先行利益を獲得し，他者の追随を許さない地位を保持するようになってきた。つまり，商品の付加価値に占める知財の割合が高く

なっているといえる。そのため，実社会では質の高い知財を創造し，それを的確に権利として保護し，その権利を産業界で有効活用して付加価値を高めることが必要になっている。よって，知財の「創造・保護・活用」といった知的創造サイクルで豊かな社会を実現する大切さを既存の商品を例に学習をし，２学期以降の実習に結びつける。

● 学校設定科目「商品開発」2.3学期の内容について

2学期以降は地域と連携して試作品製作を中心とした実習を実施している。主な実習内容は知財権の基礎知識を活かし，消費者のニーズを考えた商品を企画することである。その中でも企画商品の販売促進や地域振興につながるネーミングやマークについて創作する実習や他人の商標権を侵害しないための調査実習が，本校の特色ある実習内容である。

①実習の目的
・地元企業との連携を通じて地域の特色を活かした商品開発を実施することによって，生徒に地域の一員としての自覚を育み，地域づくりのための資質や能力を養わせる。
・地元特産品および既存商品を利用した商品開発や商品改良を通じて生徒に起業家意識を育成させる。

②対象学年　　２学年
③実施科目　　「商品開発」（２年生全員必修）
④指導体制　　商業科
⑤実習内容　　・サンドブラストによるガラス製作実習
　　　　　　　・オリジナルうどん企画実習
　　　　　　　・陶芸実習
　　　　　　　・商標登録調査実習
⑥実習の成果
・知財権の基礎知識の学習や，自ら起業するためのきっかけづくりとして将来に活用できる知識を得ることができる。

●実習内容――――――
①サンドブラストによるグラス製作実習
　この実習はガラス製品に細かい砂を吹きつける「サンドブラスト」という技法を使って，生徒が創作した模様や絵柄，文字などの彫刻をし，世界にひとつだけのオリジナルグラスを製作する実習である。デザインのコンセプトは「下川町の活性化とPR」である。
②オリジナルうどん企画実習
　この実習は下川町の特産品である「手延べうどん」に付加価値をつけたオリジナルの手延べうどんを企画する実習である。この実習の目的は㋐既存商品の改良，ネーミング，パッケージのロゴマークの創作を通じて，消費者のニーズを考慮した商品を提案すること。㋑ネーミングやパッケージのロゴマークにおける商標の価値や権利の取得方法および保護について学習することの２点である。
　企画するうどんは，生徒が１人１品手打ちで試作品を製作する。この作品の中からコンセプトにあった作品を企業に提案する。生徒は既存商品に付加価値を与え，下川町の活性化につながることを考慮した作品を提案する。
③陶芸実習
　この実習は下川町の陶芸サークルの皆さんを講師に招いて，商品づくりの基礎を学ぶ。
④商標登録調査実習
　この実習はIPDLを活用して調査・研究する実習である。この実習の目的は，すでに商標登録されているネーミングを調査し，権利の保護を学習することである。この実習で学んだ知識は生徒たちが考えたオリジナルうどんのネーミング決定時に活用する。つまり，他社が権利化しているネーミングをオリジナルうどんにつけないようにするためである。

●その他の実習（３年次）――――――
　３年生になると，下川小学校５年生の生徒を対象に，本校生徒が知財に関する授業を行う取り組みがある。内容はオリジナルうどんを活用してネーミングを考える授業である。この実習の目的は本校生徒がこれまで学んできた

ことを，小学生に教えることで，理解力が一層深まることを期待している。また，消費者のニーズを調査することは，いつの時代でもビジネスを行っていく上で必要な取組である。そのため，子どもたちの感想から，オリジナルうどんを「どのように工夫をすると受け入れられるのか」を考えることができ，消費者のニーズを意識した商品企画を経験することができる。

また，この取り組みは，実施と同時に地域に対して知財についての情報を発信できるという利点もある。その結果，地域において知財に関する興味・関心が高まり，地元企業が企画開発した特産品名を商標登録する企業も現れてきた。

●おわりに────

地域に根ざした特色ある教育活動として，地域と連携した商品開発を実施することで，創造力と実践力ある生徒を育てることができることを実感している。また，この取り組みは地域の特色や良さを積極的に情報発信することも可能となるため，地域の活性化に協力できる取り組みであることも実感している。

しかし，そこに全く問題や課題が無いわけではない。実習プログラムの作成方法，知財権に関する教員の研修，実習室の確保等の課題もある。そのため，さらなる創意工夫を重ね，特色ある北海道の商業教育となるよう，日々努力を重ねていきたいと思っている。

（佐藤公敏）

参考文献
INPIT（2010）『産業財産権標準テキスト（総合編）』
INPIT（2010）『産業財産権標準テキスト（商標編）』
INPIT（2010）『産業財産権標準テキスト（特許編）』
INPIT（2010）『「産業財産権標準テキスト（総合編）」を活用した産業財産権学習のすすめ　産業財産権指導カリキュラムと指導マニュアル─教師（指導者）用指導資料─』
INPIT（2010）『「産業財産権標準テキスト（特別編）」を活用した産業財産権学習のすすめ　産業財産権指導カリキュラムと指導マニュアル─教師（指導者）用

指導資料―』
INPIT（2008）「知的財産権教育の支援と普及に関する調査研究報告書」
山口大学（2007）「初等中等教育段階における知的財産教育の実践研究」
原嶋成時郎（2005）『技術者のためのやさしい知的財産入門』日刊工業新聞社

5.6 高校

商業教育における
知財教育の実践研究２
創造的・実践的なビジネス教育の取り組み

高校・商業科第３学年：「総合実践」

●はじめに

　指宿市立指宿商業高等学校では，ビジネス教育の体験的・実践的な活動の場として，学校全体をデパートにした，１日だけの「指商（いぶしょう）デパート」を開催している。デパートの目玉として「指宿活性化」をキーワードに，生徒企画によるオリジナル商品を企画・販売している。３年生全員（200名）が企画し，その中からクラス代表企画を決めて商品化していく。その過程で著作権や商標権などの学習に取り組み，知財権を活用した商品企画・商品開発の実践学習を行っている。また，開発した商品を南九州のコンビニ等でも発売している。

●指商での知財教育

　本校の知財教育は，INPITが行っている産業財産権実験協力校（平成21年度）に応募し，指定を受けたことにより，従来実施してきた本校でのビジネス教育に「知財教育」という視点が加わり，活動が活発になった。

　その中心となるのが「指商デパート」である。指商デパートの目玉企画として，オリジナル商品の企画・販売を３年生全員で行うことで，知財教育を全校生徒対象に実施した。全体の流れとして，３年の「総合実践」で３年生全員分の200企画からクラス代表である５つの企画を選び，企業と協力して商品化し，それを指商デパートで販売する。これが大まかな流れになる。

●指商における商品開発の流れ

　①商品企画

　　開発のコンセプトを「指宿活性化」とし，３年生全員で企画したもの

をクラスで発表し代表を決める。それぞれが考える地域活性化のアイデアをワークシートにまとめた。

②クラス発表会

　企画内容をもとにプレゼン資料を作成し，クラス内での企画発表会を行った。相互評価により得点の高かった企画２～３件をクラス代表として決める。

③企業向け企画提案会

　クラス代表による開発協力企業向けの企画提案会が行われた。各クラスからの代表企画だけに，どの企画もすばらしい内容であり，また発表者のプレゼンも原稿を見ることなくポイントを押さえ内容が相手に的確に伝わるものであった。

④商品化企画決定

　クラス代表となった生徒の企画は，企業向けに「企画提案会」を実施し，その中から実際に商品化する企画を決定した。

⑤商談会

　選ばれた企画を元に，アイデアを企画した生徒と企業との商談会を７・８月にかけてそれぞれの企画ごとに数回にわたり実施した。商品の形状や味について試食などを行いながら検討を重ね，パッケージデザインについても生徒のアイデアを基に検討していった。

　生徒たちは自分が考えた企画が本当に商品化されるのか半信半疑であったが，企業の方との商談を通してより現実味がわいてきたようだ。

⑥校長ヒアリング

　９月にはそれぞれで検討を重ねた商品について，最終確認会を実施した。これで，指商デパートで販売する「オリジナル商品」が決定した。パッケージについて，最終調整を商品ごとに行う。

⑦指商オリジナル商品（平成22年度）

　ア．おいもどん携帯クリーナー（さつまいもをモチーフにした携帯クリーナー）

　イ．めっ茶（ちゃ）うま芋（いも）んモナカ（芋ソースと抹茶ソースをバニラアイスでサンドし，餅ソースでくるんだ最中）

ア．おいもどん携帯クリーナー　イ．めっ茶うま芋ん　ウ．芋 De パイ　エ．生茶ラメル　オ．イッシーのえさ

図5－19　指商オリジナル商品

ウ．芋（いも）Deパイ（三角のパイ生地の中に紫芋とホワイトクリームを挟んだパイ）
エ．生（なま）茶（ちゃ）ラメル（市来農芸高校の生徒がつくったお茶を使った生キャラメル）
オ．イッシーのえさ（池田湖に住んでいると言われている怪獣をモチーフにしたお土産品）
カ．空（そら）麺（めん）（指宿の特産品であるそらまめを使ったクリームパスタ　平成23年度完成）

● 開発商品の販売
①指商デパート
　生徒たちが企画から手がけたオリジナル商品がいよいよ発売当日を迎えた。商品が次々に搬入され，自分の開発商品を手に取って，生徒たちは誇らしげな表情をしていた。商品を棚に陳列し，事前に準備していた販促グッズを整えて，指商デパートのオープンを待つあいだ，それぞれがここに至るまでの苦労が頭をよぎったに違いない。一緒に開発を担当してくれた企業の方々も応援に駆けつけてくれた。事前のPR効果もあってか，商品によっては午前中で完売した商品もあった。
②コンビニエンスストアで販売
　指商デパートで発表後，南九州のコンビニエンスストアで「指商オリジナル商品」を期間限定で販売した。発売初日には指宿市役所横の店舗で，開発に携わった生徒が販売した。

●検証
①反省会
　販売終了後，今回取り組んだオリジナル商品についての完成度を検証するために，企業の方を招いてそれぞれの商品について話をうかがった。いくつかの商品については，好調な売れ行きを示し期間を延長して販売した。しかし，売れ残ったため在庫を抱え最終的には廃棄した商品もあった。このような話を聞き，ビジネスの奥深さと現実の厳しさを生徒たちはもちろんのことであるが，指導する教師も実感させられた。
②芋（いも）Deパイ（菓子パン・洋菓子の商品群でランキング第2位）
③めっ茶（ちゃ）うま芋（いも）んモナカ（コーンモナカの商品群で第4位）

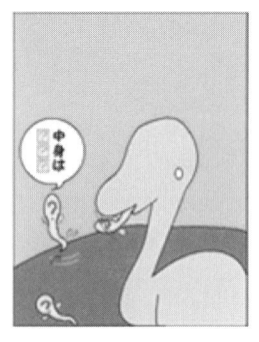

こちらは商品化される前の原画です。
　「イッシーのえさ」は，商品化のきっかけとなった岡崎さんのアイディアから生まれたものです。
　岡崎さんはイッシーが好きということでこの商品を思いついたみたいです。表紙のデザインはもちろん岡崎さんのイラストです。裏も凝っていて，川畑さんが1日をかけて家族ぐるみで指宿の観光名所をまわり，1つ1つ写真を撮りました。それをもとに川畑さんが手書きでデザインをしました。
　手書きでデザインした表紙のイッシーと，裏の地図はプロの手によって生まれ変わりました。
　一番悩まされたのがネーミングです。
　やはり「イッシーのえさ」の「えさ」の部分は，最初はあまり反応が良くありませんでした。「えさ」というのは動物などが食べるもので，人間が食べるのには，抵抗があるのでは？と言われましたが，それでも私たちは「えさ」のままでいこうと決めました。インパクトがあるのがいいと思い，このままでいこうと初めから決心していました。指商デパート当日は，「そらまMEN」をはじめ他の商品開発が売れていく中，「イッシーのえさ」は地道に売り上げを伸ばしていきました。
　商品開発をするのはとても大変でしたが，得られるものは大きかったです。ファミリーマート商品開発担当者さんにもいろいろとわがままを通していただきました。他にも担任の先生，友だちから応援していただいてとてもうれしく思います。迷惑もかけてしまったこともありましたが，無事に商品化してうれしいです。

図5-20　「イッシーのえさ」を企画した生徒の感想

●まとめ

　商業高校で学ぶ生徒はビジネス教育を通して，そこで身につけた職業観や勤労観をもとに，社会人として仕事をすることになる。そしてこれからは，さらに一歩踏み込んで考え工夫する創造的な能力を身につけさせることが大切になってくる。新しい学習指導要領でも，創造的な能力の育成と知財権について取り扱うように明記されている。

　指宿商業高校でビジネスを学んだ生徒は，地域活性化という視点で新しいものを企画するという経験と，企画したものが色々な方々の協力でかたちになり実現化していくという学習をしている。その体験が卒業後に地域社会で新しいものをつくり出そうとするきっかけになっていくと確信している。

　今後も地域と協力し，地元の産業を活性化していくためにどのような取り組みがなされていくべきかを考え，それを積極的に学習の中に取り入れ，地元の生きた教材を活用し，それを地域に還元する先駆的ビジネス教育を展開していきたい。

(安藤　新)

参考文献
INPIT（2010）『産業財産権標準テキスト（総合編）』
INPIT（2010）『産業財産権標準テキスト（商標編）』
INPIT（2010）『「産業財産権標準テキスト（総合編）」を活用した産業財産権学習のすすめ産業財産権指導カリキュラムと指導マニュアル』
INPIT（2010）『「産業財産権標準テキスト（特許編）」を活用した産業財産権学習のすすめ産業財産権指導カリキュラムと指導マニュアル』
INPIT（2010）『「産業財産権標準テキスト（特別編）」を活用した産業財産権学習のすすめ産業財産権指導カリキュラムと指導マニュアル』
INPIT（2010）「知的財産権教育の支援と普及に関する調査研究報告書」

5.7 高校

農業高校における知財教育の実践1
商品開発実践を通した起業家育成と知財マインドの醸成

高校・農業科第1～3学年：	「食品製造」	70時間
高校・農業科第1～3学年：	「食品流通」	70時間
高校・農業科第1～3学年：	「総合実習」	140～210時間
高校・農業科第2～3学年：	「課題研究」	70時間　他

●概要─────

　岐阜県立大垣養老高等学校の知財教育は食品科学科を中心に展開している。その教育内容は，①学科生徒全員が必修で知財の必要性や概要について学ぶ，②研究活動において模擬企業の設立による実践的な知財の活用について学ぶ，③地域や企業と連携した商品開発により実際の産業における知財の活用を学ぶ，ことなどが特色としてあげられる。これらの学習を通して，身につけた専門分野の知識・技術に加えて，知財活用ができる能力を持つことにより，専門知識・技術をさらに深化させるとともに，その活用の幅を大きく広げられるものと考える。ひいては知財の活用について学んだ生徒が，高い専門性を持って産業界で活躍することで，わが国産業の国際競争力を高めることにつながるものと期待するところである。

●本校が知財教育に取り組むに至った概要─────

　本校は平成17年度に大垣農業高校と養老女子商業高校が統合して「大垣養老高校」となった学校である。現在は農業科と総合学科があり，農業科には生産科学科，食品科学科，環境園芸科の3学科が，総合学科にはビジネス，会計，情報，生活福祉，大地の恵みの5系列を設置している。また，農業科は昭和46年度から「農

図5-21　大垣養老高校校舎

業経営者育成高等学校」(当初は農業自営者育成高等学校)として文部科学省からの指定を受け,農業後継者の育成にも取り組んでいる。約19haの校地には,広大な学校農場や寄宿舎「いぶき寮」などを有し,充実した専門学習を展開している。このような設置学科と変遷から,次代の産業を担う人材の育成,特に農業経営者育成高等学校としての観点から,専門教科の指導において,知財教育を推進することが重要と考え知財教育の導入に至った。

● **知財教育のねらいと学習内容**

現在本校で指導している知財学習は,「創造・創出学習」「知財の概要学習」「知財を活用した商品開発の実践学習」の3つに分けて構成している。この3つの要素のうち,いずれが欠けても実際の産業では知財の活用は機能しないとの観点から,この3要素が体得でき,活用できる力を身につけられる授業展開と体系的な指導を心がけている(図5-22)。

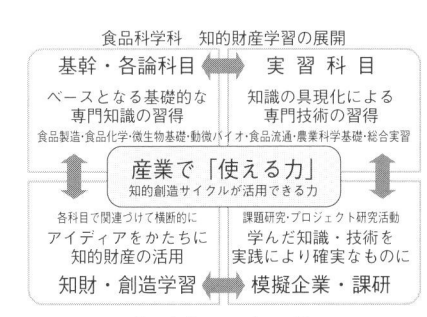

図5-22 知財学習と専門科目とのつながり

(1) 創造・創出学習

知財学習に直接かかわる内容でない場面(科目)においても,積極的に生徒がアイデアを創出し,考えをまとめられる意識の醸成に取り組んでいる。例えば科目「食品製造」においては「加工食品の持つイメージは」「食品の包装はなぜあるのか」などといった発問から,ブレインストーミング等によって生徒1人ひとりに発想する考えやイメージを出させていく(図5-23)。出された内容はKJ法やマインドマップなども活用しながら意見をまとめていく。そうすることで,まず生徒自身が「ア

図5-23 科目「食品製造」でのブレストによる創出

イデアを創出することは楽しい」という気持ちを高め，学習集団として「否定をせずアイデアを出し合える雰囲気づくり」が進み，最終的にはその生み出したアイデアから「学習内容をまとめていくこと」や「課題解決に向けての取り組み内容への発展」へとつなげている。また，授業での取り組みに加えて学校外から講師を招聘し，知財セミナーを開催している。セミナーでは知財を活用した商品開発といった内容の中に，アイデア発想ツールを活かした演習も盛り込み，創造・創出学習での学びも深めている。

(2) 知財の概要学習

本校では商標を中心に，知財の概要について学習している。概要の学習は主に科目「食品流通」において，既存の指導内容に知財学習の内容をリンクさせながら実施している。学習の内容は，知財権の制度・利用などの基礎的な学習に加えて，知財の必要性や意義についても学んでいる。例えば，単元「食品流通のしくみ」においてはスーパーマーケットやコンビニエンスストアでの商標を活用した食品の販売戦略について考えたり，単元「食品マーケティング」ではマーケティングミックスにおける４Ｐ（product, price, place, promotion）の中に知財を活用した展開事例などを盛り込んだりすることで，実際の知財の活用と必要性について学習している（表５−６）。これらの授業展開にあたっては，教科書に加えて『産業財産権標準テキスト』（各種）を使用するとともに，オリジナルのプレゼンテーション教材も作成し効果的に使用している（図５−24）。このプレゼンテーション教材は，生徒が知財を身近に感じられるよう，かつ後述の実践学習にリンクしてつなげられるよう，実際に産業界で活用されている知財の例を示しながら学ぶことがで

表５−６　専門科目に知財学習を導入した授業展開の例

科目名	単元	知財とリンクさせた学習内容
食品製造	食品の包装	特許を活用した包装技術 商標を活用したパッケージデザイン
	食品の変質と貯蔵	食品の製造技術と品質保持技術の発明
食品流通	知財の概要	知財の必要性・知財制度の概要
	食品流通のしくみ	商標やCIを活用した食品の販売戦略
	食品マーケティング	マーケティングミックスにおける知財の活用

きるように工夫した教材として学習内容に合わせて本校独自で開発し，現在も順次充実を図りながら活用しているところである。

(3) 知財を活用した商品開発の実践学習

知財や専門科目での学習内容を活用できる実践研究の場として，科目

図5－24　知財学習用プレゼン教材の一例

「課題研究」を位置づけている。研究活動を通して，知財を活用した商品開発を具体化するとともに，知財の活用力はもとより，課題発見解決能力や創造・創出力の育成を目指している。微生物利用専攻チームでは生徒自身によって模擬企業「Bicom」を設立し，商品開発に取り組んでいる。会社名のBicomはBio Control Communicationの3つのキーワードを組み合わせて命名，微生物の力をコントロールして地域特産品を開発し地域へ発信したいという企業理念を表している。営業活動では地域資源を生かした天然酵母パンの開発に挑戦し，製造方法の研究に取り組んだり，地域や企業などと連携して新たな特産加工品を提案して商品化を手がけるなど，知財の学びを応用した実践を行っている。模擬企業の設立にあたっては，まず生徒自身がどのような課題テーマを設定し，どのような成果を目指して研究活動に取り組むのかを検討する(図5－25)。同時にその研究チームが目指す方向性やポリシーなどを会社名として考案，生徒自身の発想力で模擬企業を設立し，知財を活用できる精神を育成する。この場面において，これまで身につけてきた「創造・創出学習」の成果が生かされ，幅広い観点でアイデアが創出されていく。

この学習方法の最大のポイントは，単に原料の生産，生産物の食品加工，加工品の分析，食品への微生物利用などを学

図5－25　模擬企業での営業戦略会議

ぶのみにとどまらず，製造する食品の商品開発，流通販売，ブランド化，起業に至るまでをすべて生徒自らの手で実践することで，学んだ知識・技術を具現化する点である。その実践過程において，知財の活用は大きなポイントとなり，研究成果を産業界で活用できるリアルなものにするとともに，生徒の取り組みに対するモチベーションを飛躍的に向上させるなど，学習の成果を大きく左右する事項となる。専攻生徒は会社名の命名からコーポレートデザイン，技術開発，商品化に至るまでのプロセスにおいて，ごく自然に知財を活用し，販売戦略に取り組んでいくことになる。

　この「課題研究」において指導者（教員）は経営コンサルタントとして位置づけ，ヒントを与えながら課題解決に向けて助言する程度のかかわりにとどめ，あくまで生徒自身の主体的な企画・立案において模擬企業の研究活動が進むように配慮している。そうすることで知財の効果を肌で感じるとともに，その活用能力をも高めている。

● 知財教育の具体的な実践事例とその効果──────
(1)　「Bicom」での営業活動

　模擬企業「Bicom」では「ものをつくる知識や技術」と「アイデアの創出」を組み合わせて，実際に自分たちの発想で起業と経営を行っている。Bicomでの中心的な研究として，地元産のみかんを使用した天然酵母パンの商品開発に取り組んでおり，製法の改善や商品化に向けた販売戦略づくりなど，知財を活用したマーケティングを実践している（図5-26）。生徒たちは「Bicom」の経営を通して，これまで身につけてきた多くの分野の学びを有機的に結びつけられている。実際に商品開発などの実践に取り組むことにより，なかなか目に見えにくい知財についても「かたち」にして効果を感じ取るとともに，自分たちの設立した企業から商品を生み出していくことによって，モチベーションを大きく

図5-26　Bicomでの商品開発研究

向上させ，さらなる創造意欲が高まっている。さらにその活動の場は学校内にとどまらず，地域・企業・他高校生などとも連携をとった商品開発実践（後述）に取り組みを広げている。

(2) 地域・企業・高校と連携した商品開発

　Bicomでは，できるだけ生徒の学びを具体化したいという思いから，とにかく学校から外に出て，実際の産業の現場で実践をするようにしている。その結果，生徒のアイデアが地域産業において活用されるようになり，地域や企業と連携した商品開発が実現している。主な実践事例としては以下の通りである。

①高速道路サービスエリア商品の開発

　本校近くを通る高速道路のサービスエリア向け商品を開発し販売を実践。本校と近隣他県の農業高校生が連携し，お互いに知財学習や商品開発に取り組む生徒同士が共同プロジェクトで新商品を開発するもので，サービスエリアでの市場調査なども実施し，お互いが学んできた知財の知識や食品製造の技術を生かした商品開発が実現した。また，販売場所となるサービスエリアの経営企業にも生徒の指導にかかわっていただき，高速道路利用者に対するマーケティングや商品開発のノウハウについても生きた学習ができる機会となっている。

②コンビニエンスストア商品の開発

　コンビニ向けのオリジナルパンを企業とともに共同開発により商品化。生徒から企業に新しい価値のあるパンを提案（図5－27）し，商品化を進めるプロセスの中で，実際の企業における製法技術の開発や商標を利用した販売戦略など，産業界での知財活用に触れながら学習を進めている。またオリジナルパンの商品化にあたっては，製造工程において使用できない原料があったり，ネーミングに使えないキーワードがあったりする場面

図5－27　模擬企業での営業戦略会議

もあり，新たな製法を考案して原料の問題を解決したり，IPDLを活用した商標調査の上でネーミングを決定したりと「新しいアイデアを生み出して形にすること」や「権利侵害と保護」など知財の活用を体得しながら商品開発の学習に取り組んでいる。

●実践者へのアドバイス

　以上のように，体系的な学習によって生徒たちが実践的に知財を活用できる力を身につけられることを実感している。知財を学習した生徒たちの自己評価や意識は高評価の傾向を示すとともに，進路先の知財に関連する率や内定率の向上がみられる。特に，模擬企業において積極的に実践に取り組んだ卒業生は，関連職種において大きく活躍しており，知財教育の効果を実感するとともに，その重要性を改めて強く認識するところである。一方，学校を越えて他校・地域・企業などと大きくかかわった授業展開には，双方の連絡調整や意向の合意等，労力を多く要するところも多い。実施に当たっては，校外と連携した際の条件整備等を十分に行い，各校の実情に合わせた学習プログラムを確立していくことが重要である。

　本節にて紹介させていただいた，本校での知財教育の事例を参考にしていただき，今後，実践を伴った生きた知財教育が全国へ広がり，定着が進むことを期待する。

（中野輝良）

参考文献
INPIT（2010）『産業財産権標準テキスト（総合編）』
INPIT（2010）『産業財産権標準テキスト（商標編）』
INPIT（2010）『産業財産権指導カリキュラムと指導マニュアル』
山口大学（2008）『知財教育教本』
山口大学知財本部（2004）『大学と研究機関のための知財教本』EMEパブリッシング

5.8 高校

農業高校における知財教育の実践２
権利化・知財活用の事例から

高校・農業科：「特別活動」

● 概要

　長崎県立島原農業高等学校では，平成16年度から知財教育を取り入れ実践してきた。結果，堆肥の悪臭を回収利用する方法（2006年特許取得）を含む，特許１件，商標２件，実用新案１件，意匠１件の取得につながり，地域産業で活用されている。そして，この指導法を全校的に総合実習等で展開し，一般生徒が日常的な授業の中で知的財産を取得するまでになった。この８年間の知財教育を通じた取り組みを紹介する。

● 地域・学校の概要

(1) 島原半島地域の概要

　本校が位置する島原半島地域は，農業がさかんな地域である。農家数は約8224戸で県内の約1/4。農業産出額では558億円で県全体の41.2％を担っている。島原半島地域の農業の環境分析をダイヤモンドフレームワーク（企業戦略および競争環境，要素条件，需要条件，関連支援産業）を図５-28に示す。このような地域農業の実態に即した，本校の専門教育がある。

①企業戦略および競争環境

　農家数は県内の1/4にもかかわらず，農業産出額は県全体の41.2％であり県内他地域に比べ約２倍の生産性があり，高い競争力を持つ。有明海を挟んで向かい合う熊本県の農業と作目・市場が重なり，激しい競争にさらされていることが適切な形態での投資と持続的なグレードアップを促すことにつながっている。今後は，農業の国際化を踏まえて九州という立地を意識し，視野をアジアに広げた農業教育が効果的であると考えられる。

```
                熊本県の農業との激しい競争
                         ‖
                  グレードアップの源泉
                    ┌─────────┐
                    │ 企業戦略 │
                    │  および  │
                    │ 競争環境 │
                    └─────────┘
                      ↕    ↕
  農地と輸送が不利だが，┌─────────┐   ┌────────┐ 要求水準の高さと，全
  若手の就農者と匠の技術 │ 要素（投入│↔│ 需要条件│ 国的に通用する豊かな
  で乗り越え            │ 資源）条件│  └────────┘ 食文化
                       └─────────┘
                         ↕    ↕
                    ┌─────────┐
                    │  関連・  │
                    │ 支援産業 │
                    └─────────┘
                  強力な農業資材販売店
                  観光資源の高いポテンシャル
```

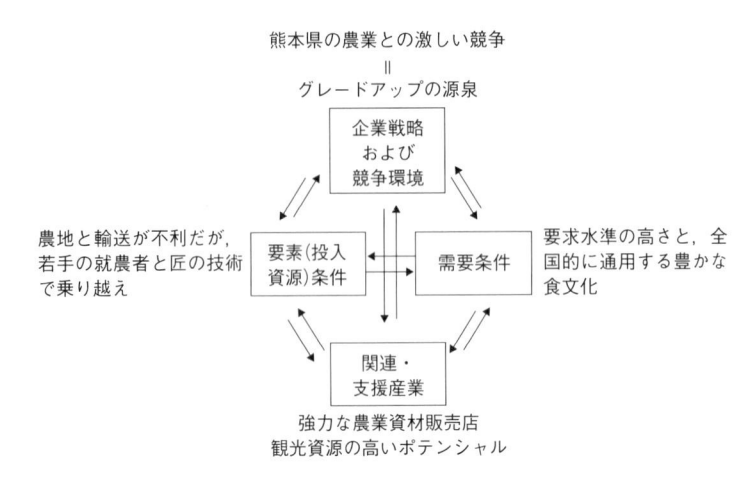

図5-28 企業戦略および競争環境

②要素（投入資源）条件

　要素の量とコストの視点から，天然資源としての農地は中山間地が主体で，平地は乏しく生産性が悪い。人的資源として，他産業が少ないため30～40代の就農人口が他地域より多い。すなわち農地と輸送が不利だが，若手の就農者の存在と，熟練の匠の技術で乗り越えていると言え，これらを意識して強みとする教育が効果的であると考えられる。

③需要条件

　新鮮で高品質な農産物が地元であふれているため地元における消費者の要求水準が高い。加えて，島原の乱によって住民が失われたことで，日本各地からの移民で構成された経緯があり，持ち込まれた多様な食文化が，食のバラエティーを生み出している。こうした食材としての要求水準の高さ，特徴的な食文化が，地域産品を生み出す源泉となることを踏まえて，商品開発等の実践的教育を行うことが効果的であると考えられる。

④関連支援産業

　農業資材販売店がメーカーと協力して新品種・新技術を先進的に導入している事例が多く見られる。また，競争力のある関連産業として国立公園雲仙や温泉を活かした観光業があったが，現在では衰退傾向にある。このような関連支援産業の存在が農業教育力の源泉になりうる。

(2) **本校の概要**

　本校は，農業自営者養成を教育目標の第一に掲げ，起業家精神に富む農業後継者を育成することを目指し専門教育を展開している。今年度で創立60周年を迎え1万4百余名の卒業生を，産業社会を担う人材として送り出してきた。卒業生の就農率は，農業科学科，園芸科学科の2つの自営者養成学科において，全国でもトップレベルにあり，卒業後2〜4年で，進学や研修の後に就農するケースも含めると，両学科卒業生の約4割が就農している。全国の農業高校の職業別就職状況調査では，農業関係就職が4.1％（2006年3月卒業生，文科省）であるが，同条件で本校は9.8％である。さらに分母を自営者養成学科に絞れば，25.3％となり6倍超となる。この成果は，県の農林行政や地域農業者および保護者との連携を図りながら，時代に即した農業専門教育を推進してきた結果である。そのひとつに知財教育の推進もある。

●**知財教育の構成とねらい**――――――

　本校では知財教育の目標や構成が，実践の深まりとともに，年々変化してきた。

　まず目標は，当初，特許の取得によりプロジェクト学習を深めることを狙っ

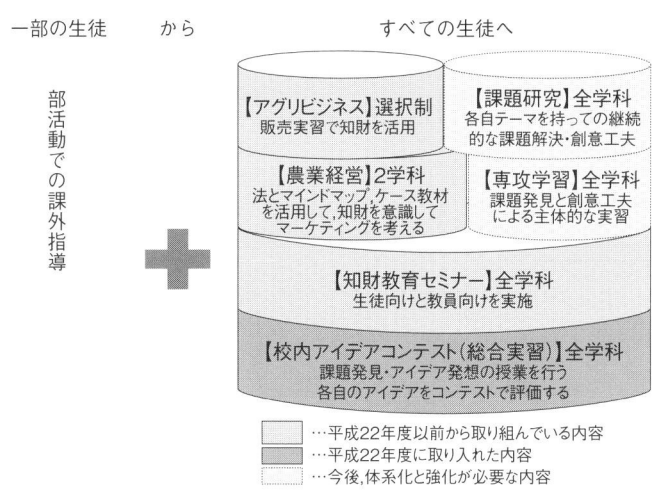

図5−29　島原農業高校における知財教育の構成

たものであった。この知財権取得を目的とした知財教育が，制度学習の重要性への気づきや創造性を育む教育手法の開発，創造性の発揮の源泉となる体験的学習の充実等，専門教育そのものとして深まってきた。現在では，「発想力を引き出し，産業社会で生きる力を身につけさせること」を明確に目標として打ち出し，知財教育を推進している。

次に構成は，図5-29に示す通り，当初は，部活動での一部生徒への課外指導であったものが，授業や学校行事に有機的に組み込まれ，すべての生徒を対象にした教育活動となった。授業では,科目「農業経営」「課題研究」「アグリビジネス（学校設定科目）」や，各専攻別の専門学習（科目「野菜」「果樹」「畜産」など）に取り入れられている。学校行事として「知財教育セミナー」や「校内アイデアコンテスト」がある。

● **実践内容：部活動での事例（プルアップ型）**

はじめに部活動での取り組み事例を紹介する。

【事例1】　初めて知財権取得に結びついたのは2006年度に野菜部の生徒が発明した，堆肥の悪臭成分を回収して利用する装置である（特許第3831800号：図5-30）。弁理士を講師に招き特許についての講義を実施し，生徒自ら明細書を書き，特許出願を行った。この装置は，現在も本校農場で，環境保全型農業の生きた教材として稼働している。特許としての価値は，装置そのものではなく，水耕栽培の廃培養液を堆肥に掛けて処分し，その残存する肥料分を有効利用する技術思想に対してであった。産業廃棄物を有効利用するという生徒の素朴な考えが特許として認められたのである。

図5-30　特許取得の堆肥化装置

【事例2】　これに続いたのが，野菜の特産品化の研究で生まれた「温泉トマト」（2006年～継続研究中：図5-31）である。生徒のアイデアが商品化され，地域産業

図5-31　温泉トマト

に技術移転された事例であり,「食べる温泉」として商標登録できた(商標第5443800号)。

【事例3】 2008年から3カ年,工業高校,県研究機関との連携で,お互いの専門性を活かしてバイオディーゼル燃料の研究に取り組んだ。生徒が繰り返し製造実験に取り組む中で感じた不便や気づきを整理し,80件を超える改善提案を県研究機関に届けた。結果,県が雲仙市に設置した製造装置に,内4件の提案が取り入れられるなど,高校生のアイデアが専門家からも評価された。また,工業高校の生徒と本校生徒が共同で,バイオディーゼル燃料の商標として「自然のしずく」を登録(商標第5331950号)でき,12年度から地元事業所で活用されている。

● 実践の成果────────
(1) 一般化1:モデル化

本校で行われている様々な生徒研究活動について,その研究開発力の源泉は何かに注目し整理を試みた(図5−32)。横軸を学校−地域とし,縦軸をプロ−アマとした。左下から,①専門教育力,②生徒の創造力,③地域産業

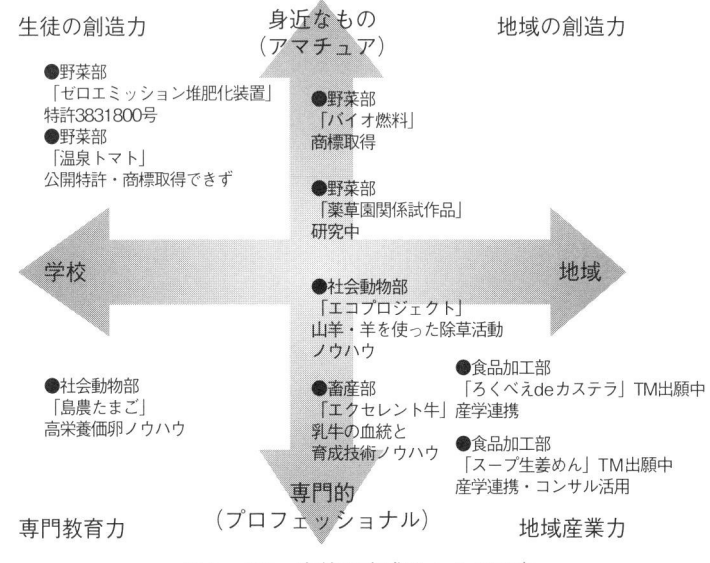

図5−32 生徒研究成果とその源泉

力，④地域の創造力として生徒の研究成果をマッピングした。この図から，本校生徒の様々な研究成果は，本校の専門教育力だけでなく，生徒自身の創造力や島原半島地域の産業，地域・文化等，様々な要素を創造の源泉としていることが理解できる。生徒の学習のフィールドが校内だけにとどまらず，広く存在していることが成果につながっているのである。

さらに，これらの4つの力を教育力の源泉と再認識して，教育活動を進めることで，図5-33のようなさらなる教育成果が望めると考える。

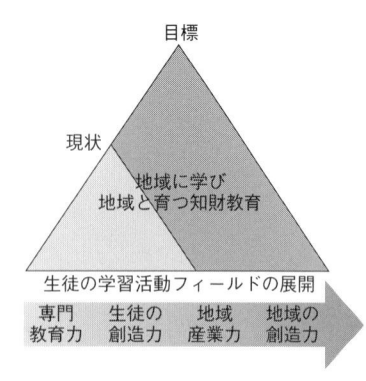

図5-33 生徒の学習フィールドは？

実際の産業現場でも，1社でものづくりが完成することはなく，仕入れ，生産，流通，マーケティング，アフターサービスと，サプライチェーンによって成り立っている。さらに近年は，これらの関係者間の垣根を意識的に下げ，協業して新たな価値を創造するオープンイノベーションが指向されている。本校が目指す4つの力を意図的に合わせ活かす教育は，農業教育のオープンイノベーションと言い換えることができる。

(2) 一般化2：指導のポイントおよび教材化

前述の実践を通じて蓄積された知財教育の指導のポイントは表5-7の通りである。これらのポイントを改めて見直してみると，従来から農業教育が重視してきたプロジェクト学習の指導のポイントそのものであることに気づかされ，農業教育の価値の再認識ともなった。

前述の部活動での専門性の高い研究活動を中心とした知財教育は，一部の生徒を対象にしたプルアップ型である。この実践で得られた指導法を，専門科目の授業や学校行事を通じて，2005年から順次導入し，全生徒へのボトムアップ型教育に繋げてきた。例えば，校内アイデアコンテストや知財教育セミナー，科目「農業経営」「アグリビジネス」等での実践があげられる。

校内アイデアコンテストについては，図5-34に示すスキームで実施して

いる。科目「総合実習」に位置づけ，2時間を割り当て複数の科目担当教員で指導を行う。ポイントとしては全校生徒の参加であること，事前の指導法研究会を実施し，ブレインストーミング等の活用（発想ツールで創造性を刺激），紙タワー製作（体験を通じて考える），知財教育セミナー（知財専門人材による支援）等，表5－7で上げた指導ポイントを効果的に配置している。

この実践の中から，「目盛り付きマルチフィルム」（2011年度園芸科学科3年岩永，神田考案：図5－35）が考案された。これは2011年度のデザインパテントコンテストにおいて，全国の農業高校で初めて入賞するという快挙を

表5－7　知財教育指導のポイントと身につけさせたい力

指導のポイント	身につけさせたい力（評価の観点）	知識・技能	思考・判断	表現（言語活動含む）
①実習において自ら（繰り返し）体験させる。		○		
②事象の背景にある科学的原理に気づかせる。		○	○	
③課題を発見させる。			○	
④集団で，気づき・課題を共有させる。			○	○
⑤解決策を考えさせ，試作（研究）させる。		○	○	
⑥特許電子図書館等ICTを活用し調べさせる。		○		○
⑦整理させ文章化し発表させる。				○

研究成果を地域産業に役立ててもらう。　→　自信・郷土愛　→　課題解決力（創造力・実践力）

《校内アイデアコンテスト開催までの流れ》
①総合実習の担当職員で，指導法研究会を開催
　内容：教職員が生徒の立場でアイデア発想法を体験
　　　　（ブレインストーミングとKJ法）。また，紙タワーも
　　　　実際に作成。生徒に先駆け創作の喜びを教職員が体験

教職員がブレインストーミングなどを体験することで，知財教育の楽しさや意義を実感する

↓
②総合実習の時間で，クラス別に①のアイデア発想法を実施
　例：紙タワーを作成し(10分)，課題を見つける(20分)
↓
③発想法体験の後，知財教育セミナーにて「発明の仕方」をテーマに話しを聞く
　技術の組合せやものの改良などにおける「発明の面白さ」を実感する。創造性発揮の土台づくり
↓
④アイデアコンテスト開催
　宿題形式で課題解決レポートを作成

①担当職員で研究会を行い，ブレストから紙タワー制作まで体験！
②総合実習で紙タワーを制作しながらアイデア発想！ 
③生徒が作成した「課題解決レポート」

図5－34　第一回校内アイデアコンテスト開催スキーム

成し遂げ，現在，実用新案権と意匠権を取得し，メーカーと商品化に向けて調整を行っている。研究活動に特化して取り組んでこなかった生徒に対しても，農業専門学習の基礎・基本の上に，前述の知財教育の手法を導入することで，産業上役立つ知財を創造できるという証左となる事例である。

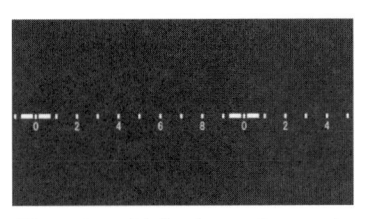

図5−35　目盛つきマルチフィルム
（実用新案第3169776号）

　こうした実践の成果は生徒の進路に現れてきた。高い就農率を維持しながら，進路の内容が変化した。例えば，堆肥の特許を取得した生徒は，大学卒業後，農業ベンチャーの中心技術者としてインドにわたり日本ブランドの農業生産を始めた。「温泉トマト」を研究した生徒は，「温泉トマト」を主力商品とする農業法人を今年立ち上げた。バイオディーゼルを研究した生徒は，本校から初めて，農学系以外の国立大学に入学しベンチャービジネス部を創部し活躍している。

●実践者へのアドバイス────────

　本校での知財教育が深まった原動力は「この知財教育は，本当に知財教育的か？」すなわち，「教育としてあるべき姿か？生徒は知財とどうかかわるべきか？生徒のために産業発展のために本当になっているのか？」と自問自答を続けながら他校の実践に学び，実践を継続したことにある。「これが知財教育である」という満足は全く知財教育的ではない。知財教育導入当時には想像もしていなかった今の本校の実践があるように，今後も継続してより深めていきたい。

（陳内秀樹）

参考文献
INPIT（2010）『産業財産権標準テキスト（総合編）』
山口大学（2007）「初等中等教育段階における知的財産教育の実践研究」

高専・大学での実践事例

6.1 高専

PBL を用いた高専での知財教育

高専・専攻科第1学年
「特別演習・実験」 1年間30週・週180分

●概要─────

「創造」「保護」「活用」の知的創造サイクルの好循環のために必要な知識・技能・態度を育成するために，高専の専攻科（大学3，4年生の年齢に相当）において，PBL（problem-based learning；課題解決型学習）手法を用いて，地域の現実問題をものづくりによって解決する授業を紹介する[1]。

●ねらい─────

高専では，「創造的技術者」を育成することを教育目標としている。「創造的技術者」を育成するためには知財教育が不可欠である。そのため，富山高専での知財教育は，知財マインドの醸成を中心とし，知財に関する態度，知識，技能を学び，知財創造サイクルの好循環を担う技術者を育成するようにしている。

富山高専型PBLのプロセス[2)3)]は，学外の事業所が抱えている問題を抽出し問題点を絞り込み，その問題点を解決するための方法を提案し，実際のものづくりで解決するものである。このプロセスこそが，知財を創造，活用するプロセスと一致している。このことから，PBLを知財教育に適用した場合，ある程度の教育効果があることが予想できるが，知財制度の知識をPBLにより得ることができない。そこで本取り組みでは，授業の中に知財の制度や特許の知識を学習する時間を組込み知財教育の要素を追加した。内容は，『産業財産権標準テキスト』を用い，知財やその権利について講義を180分実施し，その後，各チームの提案した問題解決方法が知財においてのどのような位置にあるかIPDLを用い調査するものである。そして，その結果を踏まえ，技

術力でその活動を支援するためのものづくりに取り組む。

●学習目標

知財を意識した創造性	・知財の知識をもとに多様なアイデアを具体化できる。 ・発想したアイデアを形式沿って適切に表現できる。 ・知財を活用し，社会とかかわった創造的な活動ができる。
知財に関する知識・理解	・知財制度の専門的知識が活用できる。 ・産業財産権の専門的知識を活用できる。
知財を尊重する態度	・知財を尊重・保護する高い倫理観を持ち，他者にも説明できる。 ・創造的な活動の中で知財を尊重・保護するとともに，適切な判断・処理ができる。

●PBLで学生が身につける能力と知財教育の目標の関係

表6-1　PBLで学生が身につける能力と知財教育の目標の関係

	知財教育の目標	PBL教育での能力評価項目	実施講義	関連性
技能	コミュニケーション力	表現方法，議論や役割分担などのチーム力		○
	プレゼンテーション力	表現方法，質疑に対する応答		○
	チームプロジェクト力	議論や役割分担などのチーム力		◎
	IPDLの利用法		△	
	情報検索・調査能力	背景や状況の把握，問題の抽出と明確化，調査・情報収集と活用		△
	知恵・情報・経験の統合	背景や状況の把握，問題の抽出と明確化，調査・情報収集と活用，効果の科学的な検証		○
態度	技術者倫理	背景や状況の把握，実用性，態度		△
	知的財産への関心	背景や状況の把握，態度		△
	独創性の尊重	問題の抽出と明確化，創意工夫や独創性，態度		◎
	無形資産の価値	態度		△
	未来志向性	態度，「学び」に対する自己評価力		○
	公民的資質	背景や状況の把握，態度		○
知識	知的財産とは		△	
	制度の背景と概要		△	
	知財教育の重要性		△	
	世界や日本の取り組み		△	
	過去の知的財産と産業の発展	背景や状況の把握，問題の抽出と明確化，調査・情報収集と活用		△

●使用教材――――――――
・テキスト：INPIT『産業財産権標準テキスト（総合編），（特許編）』
・調査ツール：IPDL

●実践の展開――――――――

学習活動	つける力・評価	時間 180分
○社会人基礎力 ・社会人基礎力について概説する。 ○会議手法の演習，合意形成の演習，計画法 ・基礎事項を学習する。計画実施方法について学ぶ。 ○チームの役割分担，事業所の決定 ・チームの役割分担を決定する。	○知財教育で育成する技能であるコミュニケーション力，プレゼンテーション力，チームプロジェクト力を身につけ，実行することができる。	3
○事業所の訪問，調査 ・事業所が抱えている問題を調査する。 ○問題点抽出手法 ・各グループが取り組む課題を決定する。選択した課題について，指導教員を交え，その過程で解決すべき問題について整理する。 ○問題点の明確化，プロジェクト案，企画書作成 ・問題抽出法を学習する。 ・第5回〜第6回にかけて，課題を解決する技術の提案を行う。この学習の際に，指導教官を交え，さらに必要な発展的情報等について調査する。 ○企画書修正 ・課題解決のための企画書を提出し，指導教員を交え，企画書について整理し修正する。企画書を訪問先に提示し，企画がニーズに対応しているか検討する。 ○中間発表 ・問題点と課題に対する解決方法について，グループ毎にプレゼンテーションする。	○知財教育で育成する技能であるコミュニケーション力，プレゼンテーション力，チームプロジェクト力，さらに，情報検索・調査能力，知恵・情報・経験の統合する力を身につけ，実行することができる。 ○知財教育で育成する態度である技術者倫理，知的財産への関心，創造性の尊重，無形資産の価値，未来志向性，公民的資質を身につけ実行できる。 ○自己評価，指導者評価，学生間評価，事業所の担当者による評価。	4

○デザイン図作成 ・提案した解決方法に基づき設計を行う。 ○模型製作・発表 ・模型の製作を行う。模型の製作発表会を実施する。 ○ヒアリング，試作品の作成 ・各チームの改善方向，予定に関するヒアリングを実施する。 ○試作品の製作 ○試作品発表会 ・グループ毎に試作品のプレゼンテーションを実施する。 ○特別演習評価会のチーム分析 ・試作品発表会で評価を受けた事項について，チームで分析する。 ○プロジェクトの方向性や実施計画の作成 ・前回の分析に基づき方向性や計画を決定する。	○知財の知識をもとに多様なアイデアを具体化できる。 ○発想したアイデアを形式に沿って適切に表現できる。 ○知財を活用し，社会にかかわった創造的な活動ができる。	8
○知財教育 ・各グループの装置に関する知財に関して調査する。	○知財制度の専門的知識を活用できる。 ○産業財産権の専門的知識を活用できる。	2
○装置の性能評価実験 ・先に作製装置の工学的性能実験を行う。 ・ニーズに対応できる性能であるか評価すること。 ・実験方法の精度評価，再現性。 ○装置の再設計 ・課題，問題を解決する技術の提案を行う。この学習の際に，指導教職員を交え，さらに必要な発展的情報等について調査する。 ○装置の改良，再評価実験 ・装置の改良と性能再評価実験を行う。 ○最終発表の評価とアンケート ・提案した解決方法について最終的なプレゼンテーションを行うとともにレポートの提出をする。このプレゼンテーションは公開する。	○知財を尊重・保護する高い倫理観を持ち，他者にも説明できる。 ○創造的な活動の中で知財を尊重・保護するとともに，適切な判断・処理ができる。	10

○評価の振返り，ヒアリング ・最終的な自己評価，ヒアリングを行う。	○自己評価，指導者評価，学生関評価，事業所の担当者による評価。評価項目（背景や状況の把握，問題の抽出と明確化，調査・情報収集と活用，理論に基づいた設計，高専生らしい技術レベル，効果の科学的な検証，創意工夫や独創性，実用性，態度，表現方法，質疑に対する応答，議論や役割分担などのチーム力「学び」に対する自己評価力）。	2

● 富山高専における知財教育プログラム

　従来の座学や学生実験を，図6－1に示す学習目標の観点から捉え直し，知財マインドのための姿勢や技能を育成し得る教育プログラムとなるように表6－2に示すように組み立てた。さらに，具体的な実施教育プログラムを表6－3に示す。この教育プログラムにより，「創造」「保護」「活用」の知的創造サイクルの循環を担う技術者が育成される。

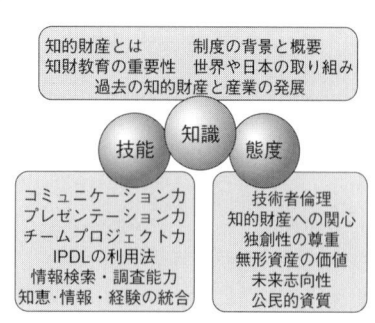

図6－1　富山高専の知財教育の目標

● 実践の成果

　図6－2に，あるチームの5月と10月に評価した結果の比較を示す。図からわかるように，すべての能力が向上している。特に，「背景や状況の把握」「調査・情報収集と活用」「創意工夫や独創性」「実用性」「議論や役割分担などのチーム力」において教育効果が出ていた。これは，人間基礎力と学生の自己主導型学習への意欲，技術者の社会的使命，学ぶ意義や楽しさ，コミュニケーションの重要性，問題設定力を育成するPBL手法の得意な分野である

表6-2　教育方法について従来の教育との比較

		従来の教育	知財マインド育成のための実体験型教育プログラム
目的		知識の獲得・蓄積・演習・技能習得	知財を創造し，保護し，活用する疑似体験 知識・姿勢・技能
方法	テーマ・テキスト実験方法	与えられる	テーマは与えられるが，テーマ内で個々の目標を別に定めることができるチームで企画書を作成し，それにしたがって実験するチームで進行を管理しながら実験する
	結果考察	結果重視：学生全員が一定の結果を得られるように，あらかじめ準備	プロセス重視：個々の実験方法や，実験技術，センスによりオリジナリティを発揮するため，結果は多様
	記録	個々のノート	知財保護用に開発されている研究用ノートを与え，正しい記録方法を身につける
	報告の方法	レポートや試験	発達段階（学年）に応じて，班別発表・レポート・口頭試問・パソコンソフトを使った個人プレゼンテーション等により，「公表」の方法とルールを学ぶ
	学びのルール	個別に学習目標を習得する 他人の模倣やまねをしない	チームで協力しながら，他者のアイデアを尊重して利用し，新しい価値をつくり出す
	創造性	個々の努力で新しいモノをつくる	チームで協力して，様々な情報を集め，分析し，新しい価値を生み出して，発信し，価値を向上させていく作業のこと
	努力の方向	がんばることを奨励	創造性を発揮する手法を知り，利用することを奨励
	結果の共有	指導者⇔実験者	ルールに従って公表する
	考察と議論	指導者⇔実験者	実験にかかわった者全員相互で共有し考察する
教員の役割		教える，知識を伝授する	専門的な知識や体験等の情報源 主たる対話・議論の相手
技術職員の役割		事前の実験準備と後片づけ 指導補助	学びのファシリテーター・教育効果を考慮して，学習環境を整える 教員と違った視点からの対話・議論の相手
企業人の役割		あまり活用されていない	実社会からの生き生きした情報源・アドバイザー・多様な視点，実社会の経験，即戦力のノウハウ提供

表6-3　実施する教育プログラム

	実体験型授業	各学年，各学科で知財マインド醸成のための授業
低学年	● 科学史に残る発明や発見の追体験をする実験 ● 発明や発見と工業化に関する実験 ● 企業見学や技術者との交流を通したWS授業 ● プロジェクト推進型実験	● 日本文学購読Ⅱ ● 機械工学演習，電気工学実験 ● 基礎環境工学
高学年	● 創造性育成型実験・PBL・研究活動 ● 知的財産の想像・保護・活用の教育 ● 特許法や特許出願に関する知識と方法	

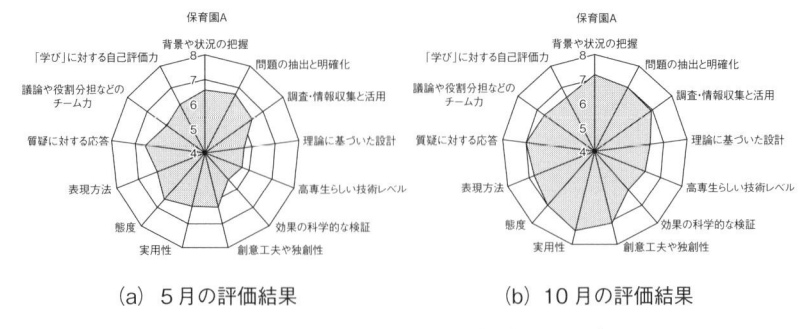

(a) 5月の評価結果　　　　　　　(b) 10月の評価結果

図6-2　PBLでの能力評価結果の比較

ことから，当然，知財教育の人間基礎力の目標に一致する。このことから，PBLを知財教育に適用した場合，従来の教育手法より効果がある可能性があるといえる。

●実践者へのアドバイス───────

　知財教育の教育手法としてPBLを用いる場合，課題の設定を慎重にする必要がある。企業等にある課題を選択した場合，産業財産権に関する知識や理解は促進されるが，知財教育として必要なマインドや態度，社会とのかかわりが弱くなる可能性がある。逆に，課題を地域社会に存在する実問題を選択した場合，知財に関する知識，理解や活用方法を強く学生に意識させる必要がある。

（本江哲行）

注
1) 本節は，日本知財学会第6回年次学術研究発表会（2008）での筆者らの実践紹介を元に，これまでの取り組みに基づき書き直したものである。
2) 本江哲行・岡根正樹・伊藤通子・他7名（2008）「富山高専型PBLを用いた知財教育」『日本知財学会年次学術研究発表会議要旨集』第6巻，pp.118-121
3) 伊藤通子・本江哲行・丁子哲治（2008）「高専教育へのPBL導入における可能性と課題」『高専教育』第31号，pp.283-288

6.2 高専

教養科目を中心とした高専での知財権教育

高専・「産業財産権論」(本科第4・5学年教養選択科目)
「法学」(本科第4・5学年教養選択科目)
100分×15時間(半期開講)

●概要

　少資源国の日本が,今後も国際社会において技術立国の地位を保つには,一定期間,独占的・排他的に利用可能な特許等の取得を意識した技術開発を目指すことが技術者たちに求められていることを認識しなければならない。また,技術者にとって必要不可欠と思われる製造物責任の理論や不正競争防止法と知財権とのかかわりに対する理解も深める必要があろう。

　そのため,楔形教育を行っている高専において低学年の教養科目の中で,複数の科目で知財権に触れることができるようにする。

　実践例としては,旭川工業高等専門学校本科高学年で展開している教養選択科目「産業財産権論」および「法学」を簡単に紹介する。

●本実践のねらい

　日本における産業財産権制度の発展を学び,産業財産権関連法についての理解を深め,産業財産権と不正競争防止法や製造物責任法との関連を学習する。

表6-4　教養科目を主体とした知財教育カリキュラムの例

学年	必修科目	選択科目
1年	情報基礎,現代社会	
2年	地理	
4年	国際関係論	教養選択科目(法学,産業財産権論)
5年	卒業研究	教養選択科目(法学,産業財産権論)
専攻科	技術者倫理	

アイデア創出のトレーニング（ブレインストーミング）を通して，自己のアイデアとともに，他者のアイデアを尊重する意識を培う。

●学習目標────────
特許明細書の書き方やIPDLの検索実習等を通して産業財産権に関する実務的な知識を身につけることを目指し，自己の権利の保護と他者の権利の尊重意識を涵養する。

●使用教材────────
・INPIT『特許からみた産業発展史』
・INPIT『産業財産権標準テキスト』総合編・特許編・商標編
・IPDL
・知財関係の記事が掲載された新聞記事
・知財高等裁判所HPに掲載されている裁判例

●実践の展開────────「産業財産権論」

授業項目	内　　　容	時間
Ⅰ 産業財産権制度の誕生と産業発展の歴史	・幕末の開港以来，紆余曲折を経て，徐々に整備されてきた日本の知財権制度が国の産業発展にどのように貢献しているのかについて理解できる。	6
Ⅱ 産業財産権関連法概説	・産業財産権制度に関する条約から国内法までの概要を学ぶことで，知財がグローバルなものであることを理解できる。	9
Ⅲ 産業財産権をめぐる訴訟と不正競争防止法および製造物責任法	・知財権をめぐる国内外の紛争を素材として，特許を中心とした知財権の重要性を理解できる。 ・産業財産権と不正競争防止法との関連を理解できる。 ・産業財産権と製造物責任法との関連を理解できる。	8

Ⅳ特許と発明 　アイデアの創出 　特許電子図書館の利用	・3〜4人でグループをつくり，ブレーンストーミングによって，発明にかかわるアイデアをグループごとまとめ発表することにより，自分たちのアイデアを形にし，他者に伝えることができる。 ・アイデア創出に際し，特許電子図書館の利用を通して，その利用方法を身につけ，実務上の具体的な出願方法等を理解できる。	7

● 実践の展開──────　法学

授業項目	内　　　容	時間
Ⅰ 科学技術関係法概説	・産業財産権の内容を理解できる。	15
Ⅱ 著作権法概説	・著作権法関する概要を理解できる。 ・インターネットと著作権の関係を理解できる。	6
Ⅲ 製造物責任法概説	・物の生産に携わることになる技術者に必要な，製造物責任制度を理解できる。	3
Ⅳ 国際関係法概説	・国際関係法の概要を理解できる。	6

● 実践の成果──────

①両科目も半年間開講するため，知財権を代表する産業財産権と著作権の相違を明確にできる。

②IPDLを利用しながら，アイデア創出のトレーニングを実施するため，知財を実感できると同時に，権利に対する感覚が観念的なものになるのを防ぐことができる。

③アイデアをプレゼンテーションすることにより，多人数の前で話をするトレーニングになる。

④自己の権利の保護と他者の権利の尊重に対する意識が確実に高まる。

⑤必ずIPDLの経過情報にアクセスすることを指導しているので，経過情報を読み解くことに慣れてくると，権利化の実態の把握が可能となる。

⑥何よりも，選択科目であるから，知財に関心のある学生が多数履修しており，授業者が考えている以上の成果が得られることが多い。

●今後の課題

　知財教育のための必修科目として，5年生に知的財産権論を設定したが，高専低学年における専門高校と比較しても遜色の無いカリキュラムの構築が課題である。

表6－5　高学年に，半期開講の知財にかかわる必修科目を設定した例

学年	必修科目	選択科目
1年	情報基礎，現代社会	
2年	地理	
4年		教養選択科目（法学）
5年	知的財産権論，卒業研究	教養選択科目（法学）
専攻科	技術者倫理	

●実践者へのアドバイス

　著作権法や産業財産権関連法の知識は，政治経済や現代社会の教材研究で十分であろう。日本における知財発展の歴史的背景を理解するために，使用教材としてあげた『特許からみた産業発展史』は，指導する側の資料としても有用な参考文献である。

　知財の指導が難しいところは，属地的な性質を有しながらも，その本質がグローバルなところにある。法学の観点から説明するならば，法の分類として実質法と抵触法に関する基礎的な理解があった方が望ましいが，そのあたりのことは，年に一度くらい弁理士のような専門家に依頼して，学生向けの講演等で補うことが可能である。

〈谷口牧子〉

参考文献
INPIT・HP　http://www.inpit.go.jp/jinzai/educate/coop/intro-move.html（2012/09/24最終確認）
知的財産高等裁判所HP　http://www.ip.courts.go.jp/（2012/09/24最終確認）
INPIT（2010）『特許からみた産業発展史』

6.3 大学
著作権法のダウンロード違法化対応教材開発と実践
既存共通教育科目の一部に知財教育要素を組み込む

「情報セキュリティ・モラル」（共通教育1単位）

●概要

共通教育で全学部生必須科目あるいは事実上の必須科目として開講されている科目を利用して，その一部に科目本来の内容と整合性を取る形で知財教育要素を組み込んだ授業である。

●ねらい

全学部生必須の既存科目を利用して，迅速に知財教育の普及を図る。本実践は共通教育の「情報セキュリティ・モラル（1単位）」で，著作権法の一要素であるダウンロード行為の違法化（民事責任2010年1月施行改正）を授業に組み入れた事例である。他にも，経済系の科目であれば商標法や不正競争防止法の要素，理工系の科目であれば特許法の要素を当該科目の教育内容と整合性を取りつつ組み込む等の方法が考えられる。本実践は，情報セキュリティ・モラル担当教員団から知財教育担当者への教材開発要請を発端とする。すなわち，当該科目では従来からコンプライアンスやモラルの観点から著作権法の一部を扱っているが，2010年1月から施行された著作権法改正に対応した教材の修正・増補が未済であり，該当部分の教材開発を依頼したいという要請である。これを受けて，知財教育担当教員が該当部分のスライドの作成と提供,情報セキュリティ・モラル授業担当者を対象とするFD研修（大学教育センター主催）で内容等の検討を行った。FD研修の際には，法律を専門領域としない担当教員から内容を正確に伝える困難性が指摘されたので，授業中に学生に視聴させる5分25秒の解説ビデオも作成した。

●学習目標——————

　当該科目は1単位8コマ，1．情報の本質，2．暗号化と認証，3．情報セキュリティ，4．情報モラル，5．コンプライアンス①（ルールとコンプライアンス，情報法），6．コンプライアンス②（個人情報の保護，著作権の保護），7．リスクアセスメント，8．リスク対応と課題演習で構成される。今回は，6の後半で扱う「著作権の保護」を増補改訂することで，著作権法第30条1項3号『著作権を侵害する自動公衆送信を受信して行うデジタル方式の録音または録画を，その事実を知りながら行う場合』に規定するダウンロード違法化（民事責任）の要件を正確に理解させ，学習者の著作権に対する適切な態度形成を図ることを目標とする。

●実践の展開——————

　前述した6コマ目の後半で扱う著作権の保護は，従来から「著作物」「著作者の権利」「著作隣接権」「権利制限」「権利侵害」「著作権フリーの解釈」を扱っている。今回，「権利制限」部分の特論としてスライドを追加，他のスライドも法的厳密性の視点から検討を加えて部分的な修正を行い，平成24年度前期から使用されている。学生用スライドには学習確認問題も配置されている。なお，動画を含むこれらの教材はコンテンツマネジメントシステムのmoodleに保存され，学内外を問わず学生と担当教員の教材取得および動画視聴を可能としている。

●教材開発者・実践者へのアドバイス——————

　中規模以上の大学で全学部生必須の共通教育科目を開講する場合，その多くは複数の教員が同一教育内容で並行した授業を行っている。そこで日常的に行われる教員同士が連携した教材開発や科目運営の打ち合わせに，知財担当教員あるいは教材開発担当教員が参加することが望ましい。本実践は「情報セキュリティ・モラル（共通教育1単位)」を利用して，一部のコマに著作権法の要素を組み込んでいる。この方法は，科目内容に必ずしも知財系の教育要素を含まない他の共通教育科目や学部専門科目でも応用が可能である。その場合，当該科目が本来有する目的や到達目標に影響を与えず，かつ知財

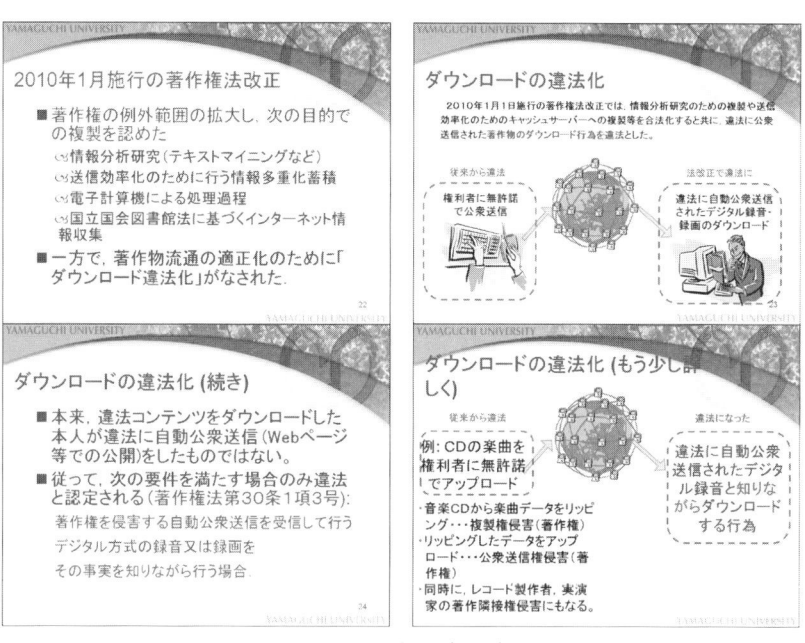

図6－3　ダウンロード違法化（民事）部分のスライド

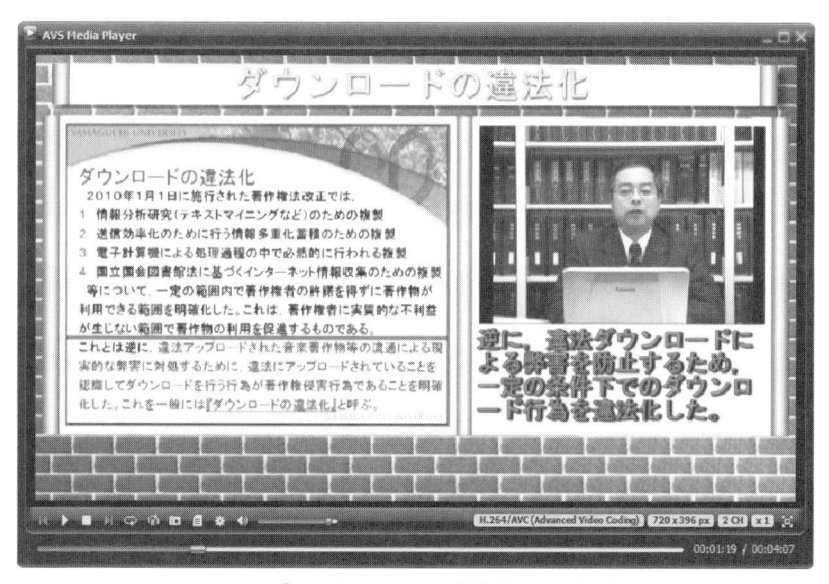

図6－4①　ダウンロード違法化のビデオ教材

第6章　高専・大学での実践事例

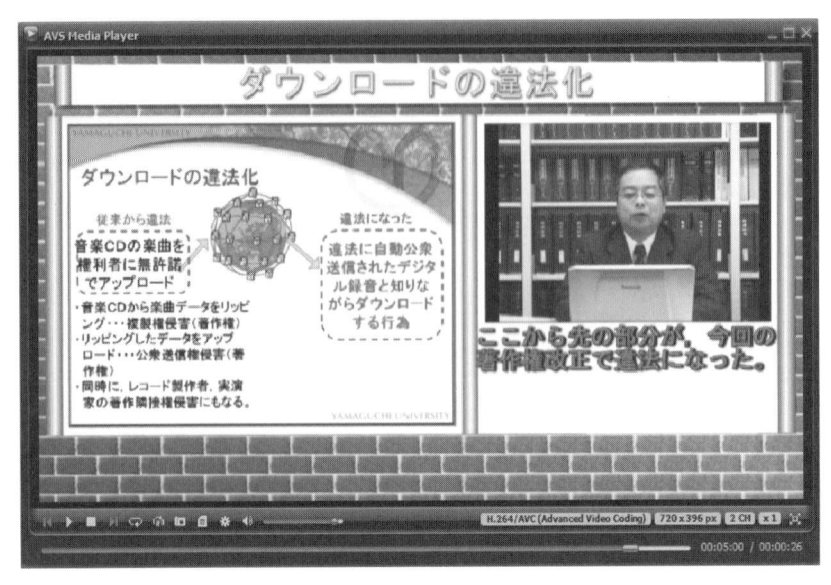

図6-4② ダウンロード違法化のビデオ教材

要素新規組み込みにより学生がその科目の理解を深める方向で教育素材や方法を提供することが望ましい。また，知財法領域は少なくとも年に1回の法改正があり，知財法教員が改正部分の教材を作成すると効果的である。本事例は2010年1月に施行されたダウンロード違法化の民事責任を扱っているが，12年10月施行の改正法ではさらに刑事罰が規定されており，法改正に合わせた迅速な教材改定の体制構築も必要である。

(木村友久)

6.4 大学

知財全般および著作権法に関する e-learning 教材開発と運用
担当教員人的リソース問題を e-learning で補完する

「知的財産入門」（共通教育２単位）の自習教材
中長期的な e-learning による単位化を目指して

● 概要─────

　パソコン処理速度向上や動画編集ソフトの普及は，動画教材の作成環境を格段に改善した。現在では，教員が日常的に実施する授業の実演を記録・編集することは，一定の事前準備があれば必ずしも困難な作業ではない。そこで，知財教育の普遍化過程で問題となる担当教員の人的リソースや負担問題をe-learningにより補完する事にした。より望ましい開発形態は，知財教材編集組織等による制作運用の支援であり，この場合はメディア化された教材の大学間相互融通の検討が必要になると考えられる。

● ねらい─────

　現在は，共通教育や学部専門教育（一部は大学院における自習でも利用）での純粋な自発学習，あるいは対面授業科目の補完教材としての位置づけで運用している。中長期的には，学習確認問題のさらなる充実や評価方法の検証を行った上で，知財教育導入時点でのe-learning科目として単位を認定すべく可能性を探っている段階である。

● 実践の展開─────

　2012年12月時点で，次のＡ）からＦ）まで６種類のタイトルをmoodleで運用しており，山口大学の学生と職員は個人認証サーバ経由で学内外からの利用が可能である。

タイトル	内容	時間
A）知的財産概論と知的財産情報検索 前編	1．知的財産の全体像　2．特許法の概要　3．特許情報調査の意義　4．特許情報の検索と解釈　5．簡単な開発戦略　6．ソフトウェア・ビジネスモデル特許　7．意匠法の概要　8．意匠法に独特の制度　9．意匠検索　10．商標法の概要　11．商標検索	69分70秒
B）知的財産概論と知的財産情報検索 後編		64分40秒
C）現場感覚を反映した著作権対応 概論	1．講義の全体像　2．最近の話題　3．常識の非常識　4．知的財産の全体像　5．著作権法の概要　6．音楽CDの場合　7．音楽以外も同様　8．ひこにゃんで説明　9．著作物認定・複製等　10．権利制限規定（2010年1月1日の改正前）　11．その他の留意点	64分50秒
D）現場感覚を反映した著作権対応 プログラムの保護	1．はじめに　2．ビジネスソフト画面　3．操作画面の意匠法での保護　4．著作権法のプログラム等の定義　5．プログラム事件の例　6．特許法での扱い　7．特許の具体例　8．著作権と特許権保護の違い　9．契約・GPL　10．特許と著作権の交錯	60分39秒
E）現場感覚を反映した著作権対応 コンテンツ制作と著作権法	1．他人の企画に触発　2．原典資料が同一　3．パロディ表現　4．通行人の写り込み　5．権利期間満了後　6．資料映像の利用　7．事実関係の誤報　8．発言意図を損なう編集	59分33秒
F）現場感覚を反映した著作権対応 著作権法改正情報	1．2010年1月1日改正より前　2．2010年1月1日以降　3．改正に至る資料	44分14秒

※ moodle から PDF 電子教科書，動画教材，学習確認問題を配信している．

　ここで扱う教材は，学習者の身の回りにある素材を利用する．上図は，音楽CDの権利関係を示しており，この説明後にJASRACのホームページに入り，楽曲データベースを利用して曲の権利関係を調べさせる．これにより，学習者は知財をより身近な存在として認識することができる．これは特許発

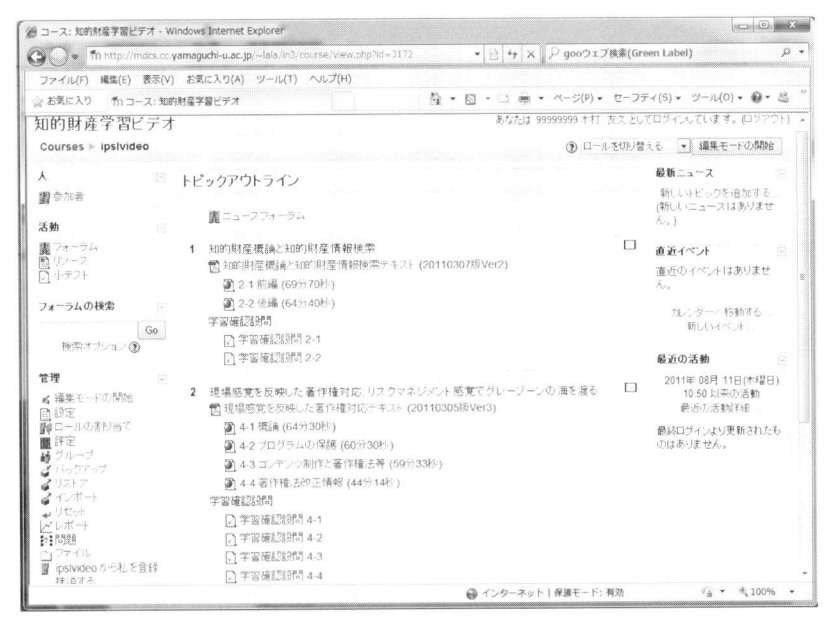

図6-5　教材配置画面

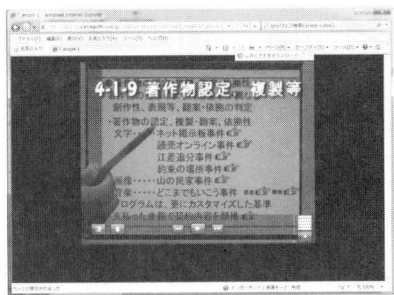

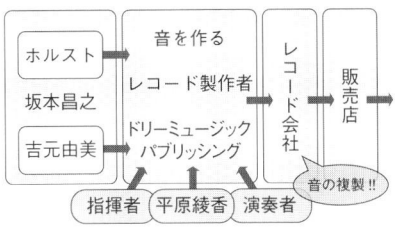

図6-6　教材画面例

第6章　高専・大学での実践事例　145

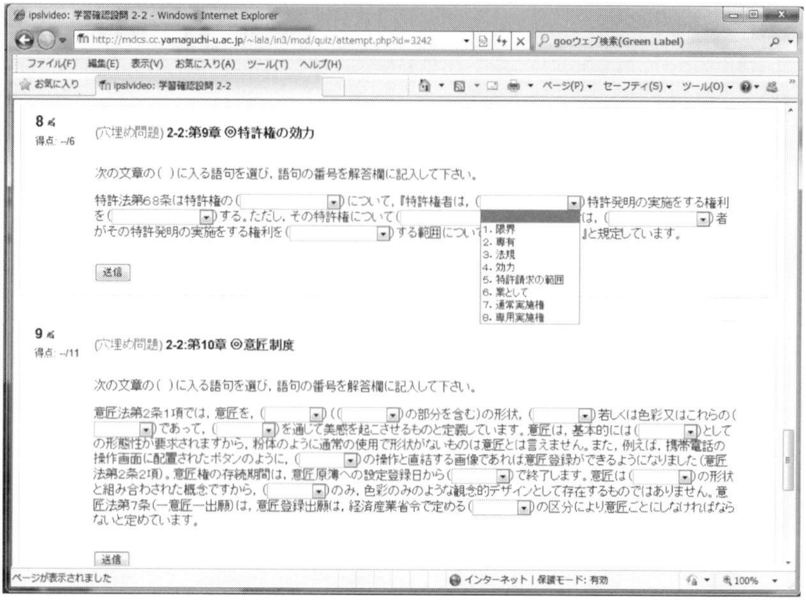

図6-7 学習確認問題

明や意匠でも同様であり，例えばアイスクリームで「雪見だいふく」の発明を検討させる，あるいはスマートフォン画面意匠の検索（IPDL）を通して考えさせる等の方法が効果的である。

　図6-7は，配置されている学習確認問題を示している。現時点では，単に教材の該当箇所を視聴した事実の確認レベルであり，実質的理解の評価問題の作成は今後の課題である。

●教材開発者・実践者へのアドバイス────
　開発したメディア教材は少なくとも学内的に公衆送信することになり，授業時間以外の公衆送信の権利関係を検討すべきである。著作権法第35条は，複製と公衆送信について「学校その他の教育機関で教育を担任する者および授業を受ける者が，その授業の過程における使用に供することを目的」とする場合の権利制限を規定する。授業時以外のタイムシフト視聴時の解釈について，大学の学修における単位の考え方は予習時，講義時，復習時を前提と

しているから，復習時のタイムシフト視聴は「授業の過程における使用」であるという考えもあり得る。しかしながら，この考え方に対応する明確な判例が見つからないうえ，条文制定過程では「教員が所在する教室と遠隔講義先の教室の双方に学生がいること」を前提に議論が進められていることもあり，教材開発実務者の観点から，当面はタイムシフト視聴が想定されるコンテンツは当初から完全な自作（オリジナル）か著作権処理を施した素材を利用することが望ましい。完全な自作教材の作成は，教員に多大な負担が生ずる可能性がある。例えば，大学院教材や学部専門教育用の知財教育教材を共通教育用に転用することで効果的な教材作成を実現する方法がある。山口大学では，大学院課程で制作した「光触媒技術の開発経緯」「低燃費エンジン開発の流れ」「ゆるキャラ『ひこにゃん』著作権事件」等々の教材を，学生の発達段階に合わせた改造を行い共通教育等で利用している。

なお,山口大学における教職課程学生を対象とする知財教育実践事例等(資料1～4）を参照いただきたい。

資料1　教本　http://www.kim-lab.info/exterorg/gp21kyou2.pdf
資料2　報告書　http://www.kim-lab.info/exterorg/gp21hou2.pdf
資料3　シラバス例　http://www.kim-lab.info/exterorg/kyou01.pdf
資料4　特許検索システム　http://www.kim-lab.info/domescon/howto_useyupass.pdf
（2012/12/22最終確認）

（木村友久）

6.5 大学

全学部生を対象とした
大学教養教育における知財教育

「発明学入門」（共通教育2単位）

●概要

2002年度から09年度にかけて三重大学において全学部生向けに開講した「発明学入門」について示す。13年度からは「知財学入門」と名称を変え，装いも新たに再開する。

●ねらい

大学生の多くは普通科系の高校からの進学であり，工業高校の課題研究等で取り上げられることのある製品開発的な取り組みに携わったことのない学生がほとんどである。このために多くが「私は発明とは無縁である，そんなの無理」といった思い込みがある。本授業では1人1つの発明，そしてその発明を実際に特許申請の形にまとめる実践を行う。これにより，上記のような思い込みの呪縛から脱却し，そうでなければ興味を抱かなかったであろうその後の授業も熱意を持って受講することができるようにする初年次教育の意味がある。また発明体験を軸に知財権全般の基礎知識および実践例を授業に組み込むことにより，総合的に知財マインドを醸成することをねらいとしている。

●学習目標

学習目標は「知財を意識した創造性」「知財に関する知識・理解」「知財を尊重する態度」全般にわたるものであるが，1人1つの発明実践を軸に置くことから，知財を意識してアイデアを具体化できる，発想したアイデアを論理的かつ明確に表現できる，発想したアイデアを形式に沿って表現できる，が中心となる。

● 使用教材
・INPIT『産業財産権標準テキスト』ほか

● 実践の展開
　授業は毎回各界から講師をお招きし，講演いただくオムニバス形式である。以下は2009年度時の「発明学入門」の授業一覧構成である。

授業回数	内容	講師名
第1回	イントロダクション	松岡守
第2回	アイデアマラソン	樋口健夫
第3回	自助具の発明：三河のエジソン	加藤源重
第4回	オデッセイオブザマインド，知恵と技	桑門聰
第5回	特許庁から見た特許	石坂陽子
第6回	ロボコンと校内特許制度	吉岡利浩
第7回	ビジネス系の知的財産	世良清
第8回	アイデア創出から起業へ	武田秀一
第9回	申請書を書いてみよう	松岡守
第10回	三重大学における発明の取り組み	黒淵達史
第11回	不正競争防止法	余川彬夫
第12回	弁理士から見た特許	笠井美孝
第13回	アイデアマラソン（まとめ）	樋口健夫
第14回	まとめ	松岡守

　第1回はこの授業全体のあらましの説明で，1人1つの発明をし，それを特許申請の形にまとめることが必須であることを説明した。また知財について取り扱ったアニメの一部を紹介し，馴染めるものとした。第2回は発想を数多く書きとどめる実践：アイデアマラソンを提唱している樋口氏にその実践を紹介いただき，かつ受講生らが今後この実践を継続して行わなければならないこととした。第3回は障がい者向けの数多くのユニークな自助具の発明を紹介いただいた。高度の工学的な知識を応用しなくても工夫次第で人に喜んでもらえる発明ができること，その数の多さに学生らは驚いた様子であった。第4回は桑門氏に刈谷少年発明クラブの取り組みを紹介いただいた。第5回は特許庁の石坂氏に，産業財産権全般および特許庁としての取り組みについて紹介いただいた。第6回は中学校の技術科で取り組んでいるロボットづくりに伴う工夫を吉岡教諭に，第7回は商業高校における意匠，商標の取り組みを世良教諭に紹介いただいた。第8回はアイデアに基づく起業を経

営コンサルタントの武田氏に説明いただいた。そして第9回に特許申請に必要な書類の内容および申請方法について説明をした。その後三重大学における発明創出の状況，不正競争防止，弁理士から見た特許，アイデアマラソンのまとめを経て，第14回のまとめでは授業全体のまとめとともに発明に関するレポートの優秀なものの表彰を行った。

●代表的な授業紹介

　オムニバス形式のために毎回授業の形式は大きく異なる。全体として大きな特徴は，大学初年次教育において特許庁，弁理士，そしてメディアにも取り上げられる著名な発明家のお話を聞いて刺激を与えるとともに，発明という行為が学生たちにとって，かけ離れたものではないということを徐々に実感できるようになっている。

　表6－6はある年の授業で提出されたレポートのうち優秀なものの一覧である。ほとんどの学生が1年生であるため，一部を除き所属学部の専門性によらない，日常生活で不便と感じている事項について自由な発想で発明を試

表6－6　学生による優秀レポートの一覧

	学部	名称		学部	名称
1	人文	プラスチック袋開け器	23	工	ネット棚付き椅子
2	人文	食器棚	24	工	マグナムジャケット
3	人文	非流水式ろ過装置	25	工	コップ型湯煎器
4	人文	ティッシュ箱ケース	26	工	ウニの殻剥き器
5	人文	賃貸物件向き伸縮カーテン	27	工	窓拭き用掃除道具
6	人文	ハンガー	28	工	草抜き道具
7	人文	衣類用ハンガー	29	工	完全雨防止傘
8	人文	缶ジュースオープナー	30	工	点眼補助器具
9	人文	ノート型パソコン附属コントローラー	31	工	セロハンテープカッター
10	人文	ペットボトル開閉装置	32	工	ホワイトボード
11	人文	分解可能ヘアブラシ	33	生物	傘立て
12	人文	コットンクリップ	34	生物	傘
13	人文	粒菓子等入れ	35	生物	分度器付き定規
14	人文	蟻除け餌入れ	36	生物	定期券入れ
15	教育	自転車の鍵	37	生物	ペットボトル洗浄ブラシ
16	教育	ハンガー	38	生物	鼻水吸い取り機
17	教育	ティッシュ箱	39	生物	傘
18	教育	自転車の取り外し可能な簡易屋根	40	生物	耳かき棒
19	教育	自転車発電機＆充電器	41	生物	チョーク
20	医	接続しやすい電気プラグ	42	生物	傘たたみ器
21	医	ペットボトル用加圧器	43	生物	計量機能付き液体保存容器
22	医	食品用刃物			

みている。

●実践の成果――――
　最後の授業において受講生を対象にとった自由記述のアンケートからは，「工夫することの楽しみを知った」，「日常気づかなかった『不便』に気がつくようになり，それを何とかしようと考えるようになった」，「自身の創造力に自信が持てるようになった」，「弁理士になりたい」など，知財に対する意識に大きな変化があったことを読み取ることができる。

(松岡　守)

注
　本実践は，平成13年度から19年度にかけて実施した一連の知財教育の在り方に関する特許庁からの受託研究に大きくかかわっている。また2004年度から06年度にかけては文部科学省の現代的教育ニーズ取組支援プログラム「全学的な知的財産創出プログラムの展開」の1つとして実施された。同プログラム実施時は本授業をコアとして，下図（06年度の例）に示すように共通，専門授業の両方で系統的な様々な授業が開講された。

図　現代GPでの開講授業一覧

知財教育の理論的検討

7.1
知財教育体系化の試み

■1. 学校段階を考慮した知財教育の体系化の必要性

　第2章の知財教育の歴史において記されているように，知財教育という用語は，行政的には2002年に使われはじめているものの，著作権まで含めるとその歴史はさらに遡っていく。この流れの中で，知財教育は高等教育のみならず，初等・中等教育まで包含した幅広い実践や研究が試みられている。第3章～第6章までに紹介された実践は，その中でも先進的な事例であるといえる。しかし，言うまでもなく，現状では知財教育自体が教科になっているわけではない。各校，各先生方は，既存の教科の枠組み，制約の中で工夫し，試行錯誤して実践を生み出されている。こうした各校，各先生の熱心な取り組みの中で生み出されてきた実践から学ぶことは大変多い。例えば，ある実践では知財を主たる学習内容として扱い，ある実践では知財をスパイス的に埋め込むことにより，実践を活性化させている。この背景にはもちろん実践対象となった教科の枠組みがある。

　本書で紹介されたような先進的な実践に学ぶとともに，既存の教科の枠組みを踏まえつつ，学校教育の中で知財についてどのような学習内容を埋め込み，どのように配列していくかを考えなければならない。すなわちカリキュラム構成の基本に基づき，知財教育についての学習の範囲（スコープ）およびその学習内容を発達段階に応じて配列する順序性（シークエンス）を検討しなければならない。これが知財教育体系化の第一歩であろう。知財教育のスコープとシークエンスが明確化されることにより，各実践の関連や新たな実践を生み出す手がかりにできると考えられる。

　以上のことから本節では，先行実践や研究を踏まえた上で，各学校段階における知財教育のスコープとシークエンス（以下，枠組みとする）を検討した。その枠組みを具体化したものとして，知財教育の目標リストを提案した

い。ただし，この目標リストは，確定されたものではなく，現状としては試案の段階である。関係者の方々をはじめ，本書読者の皆様からも広く意見をいただき，ブラッシュアップしていきたいと考えている。

■2．知財教育の枠組みに関する取り組み

第2章での高専・大学の知財教育の動向に示したように，知財教育の枠組みに関する取り組みは様々に行われている。代表的なものが，特許庁の大学支援事業，あるいは文部科学省の現代的教育ニーズ取組支援プログラム（現代GP）による知財教育研究である。専門教育としての知財教育に対し，これら各大学の研究では，義務教育段階あるいは高校段階を対象にした普通教育としての知財教育を対象にしている。

こうした知財教育の枠組みをさらに構築を進めたのが，三重大学による知財教育カリキュラムの研究[1]である。ここでは，知財に関する教養として「知財リテラシー」という概念を提起し，「知財リテラシーの発達段階」として，「知財リテラシー孵卵期」（7～10歳），「知財リテラシー誕生期」（11～12歳），「知財リテラシー成長期」（13～15歳），「知財リテラシー充実期」（16～18歳）の4段階に整理し，発達段階に応じた体系化も試みている。本書で提案する知財教育の目標リストも，この研究をベースにしている。

一方，著作権教育や情報教育の分野ではこうした枠組みや体系化の研究はより進んでいる。例えば，野中らは著作権教育について各学校段階を踏まえ，俯瞰的に理論と実践を取りまとめている[2]。また，近年学校現場で大きな課題となっている情報モラルについては，小学校から高校までの各学校段階での詳細な教育目標リスト[3]が作成されている。このように，枠組み，体系化という点においては，著作権教育や情報教育が先行しており，知財教育の枠組みでも学ぶ点が多々あると考えられる。本書で提案する知財教育の目標リストも，その構成や活用法について，上記の情報モラルの教育目標リストを参考にしている。

■3．知財教育の目標リストの概要

前述の三重大学の研究では，「知財リテラシー」という概念を用いている。

リテラシーは,一般的に読み書きなどの基礎的能力を指す。近年では,わが国における学力議論に大きな影響を与えたOECDによるPISA調査での数学的リテラシー,科学的リテラシーなど[4),リテラシーの意味が拡張されて使われてきている。しかし,「知財リテラシー」の概念自体は,まだ知財教育においても広く共有されているとは言いがたい。そこで,本書では,混乱を避ける意味でも,発達段階や各学校段階での目標設定は参考にするものの,「知財リテラシー」という表記を用いないこととした。

　本書で提案する知財教育の目標リスト(以下,目標リスト)では,主として未成年を対象とし,学校段階を小学校低学年,小学校高学年,中学校,高校・普通教育,高校・専門教育の5段階に区分した。高専は高校・専門教育に包含させている。これに対応する形で,知財教育の段階を,孵卵期「楽しむ」から「気づく」(小学校低学年),誕生期「気づく」から「知る」(小学校高学年),成長期「知る」から「わかる」(中学校),充実期「わかる」から「できる」(高校)の4段階を設定した。

　目標リストの柱となる教育目標では,まず大分類として,先行研究・実践を踏まえ,知財を意識した創造性および知財に関する知識・理解,知財を尊重する態度の3つに大別した。知財を意識した創造性では,創造性全体とともに知財教育が主たる対象としてきた産業財産権および情報教育で蓄積されてきた著作権について,それぞれ個別に設定する形で,a:知財を意識した創造的思考,b:知財を意識した創造的技能(産業財産権),c:知財を意識した創造的技能(著作権),d:知財を意識した創造的活動への意欲の4カテゴリを設定した。知財に関する知識・理解では,同様に知財全体と産業財産権および著作権を個別に設定し,e:知財制度の知識(知財全体),f:知財制度の知識(産業財産権),g:知財制度の知識(著作権)の3カテゴリを設定した。3番目の知財を尊重する態度では,倫理観とともにその実践化も考慮し,h:知財を尊重する倫理観,i:知財に対する行動の2カテゴリを設定した。以上を踏まえ,各学校段階において目標設定をしたリストを表7-1に示した。

表7－1　各学校段階における知財教育の大目標リスト案

学校段階	小学校低学年	小学校高学年	中学校	高等学校・普通教育	高等学校・専門教育
知財教育の段階	黎明期「楽しむ」から「気づく」	誕生期「気づく」から「知る」	成長期「知る」から「わかる」	充実期「わかる」から「できる」	
a：知財を意識した創造的思考	a1：課題に対し、多様なアイデアを発想できる		a2：情報を収集・分析し、多様なアイデアを思考できる	a3：知財を意識してアイデアを具体化できる	
b：知財を意識した創造的技能（産業財産権）	b1：発想したアイデアを図と文章で表現できる		b2：発想したアイデアを論理的に表現できる	b3：発想したアイデアを論理的かつ明確に表現できる	b4：発想したアイデアを形式に沿って表現できる
c：知財を意識した創造的技能（著作権）	c1：自分と他者の著作物を区別できる	c2：引用や使用許諾の必要性を知る	c3：内容に応じて、引用や使用許諾の必要性が判断できる	c4：内容に応じて、適切な引用や使用許諾ができる	
d：知財を意識した創造的活動への意欲	d1：意欲を持って創造的な活動ができる		d2：意欲を持って協同しての創造的な活動ができる	d3：意欲を持って社会とかかわった創造的な活動ができる	d4：知財を活用し、社会とかかわった創造的な活動ができる
e：知財制度の知識（知財全体）	e1：著作物やアイデアを大切にすることの重要性に気づく	e2：知財の考え方を知る	e3：知財の考え方の必要性と重要性がわかる	e4：知財制度の必要性・重要性がわかる	e5：知財制度の基礎的知識を活用できる
f：知財制度の知識（産業財産権）	f1：著名な発明家・発明を知る	f2：特許の考え方を知る	f3：産業の発展と産業財産権の関係がわかる	f4：産業財産権の基礎的知識がわかる	f5：産業財産権の基礎的知識を活用できる
g：知財制度の知識（著作権）		g1：著作権の考え方や注意事項を知る	g2：文化の発展と著作権の関係がわかる	g3：著作権の基礎的知識がわかる	
h：知財を尊重する倫理観	h1：友達の作品やアイデアを大切にする気持ちが持てる	h2：身の回りの知財を尊重する気持ちが持てる	h3：知財の知識をもとに知財を尊重する気持ちが持てる	h4：知財を尊重する倫理観を持ち、重要性を他者に説明ができる	h5：知財を尊重する倫理観の必要性・重要性を他者に説明ができる
i：知財に対する行動	i1：創造的な活動の中で友達の作品やアイデアを大切にできる	i2：創造的な活動の中で著作権に配慮できる	i3：創造的な活動の中で知財に配慮できる	i4：創造的な活動の中で知財を尊重するとともに、適切な判断・処理・活用ができる	

■4．知財目標リストと観点別評価との対応

　学校現場での学力論や評価のベースになっているのが，学校教育法第30条に示された3つの要素であろう。
① 　基礎的・基本的な知識・技能
② 　知識・技能を活用して課題を解決するために必要な思考力・判断力・表現力等
③ 　主体的に学習に取り組む態度

　これを踏まえ，評価については，2010年に出された「小学校，中学校，高等学校および特別支援学校等における児童生徒の学習評価および指導要録の改善等について（通知）」[5]において，観点別評価として，評価の観点として，「関心・意欲・態度」「思考・判断・表現」「技能」および「知識・理解」の4つが示されている。同時に，各教科における評価の観点も例示されている（ただし，通知にもあるように，各校で独自の観点を設定することも一定認めている）。そこで，本書で提案した知財教育リストを学校現場で活用するためには，知財教育目標リストと観点別評価の対応の検討が必要になる。知財教育の実践の場となる各教科においては，それぞれ各教科の観点別評価が設定されている。それらを踏まえ，該当する教科すべてに知財教育としての評価の観点を埋め込んでいくことは，現段階では難しい。そこで現段階の知財教育リストと観点別評価の対応関係を示すことで，その足がかりとしたい

表7-2　各学校段階における知財教育の目標と観点別評価の対応案

知財教育の段階		主な観点
知財を意識した創造性	a：知財を意識した創造的思考	思考・判断
	b：知財を意識した創造的技能（産業財産権）	技能・表現
	c：知財を意識した創造的技能（著作権）	技能・表現
	d：知財を意識した創造的活動への意欲	関心・意欲・態度
知財に関する知識・理解	e：知財制度の知識（知財全体）	知識・理解
	f：知財制度の知識（産業財産権）	知識・理解
	g：知財制度の知識（著作権）	知識・理解
知財を尊重する態度	h：知財を尊重する倫理観	関心・意欲・態度
	i：知財に対する行動	思考・判断

（表7－2）。

　前述のように，この目標リストおよび観点別評価との対応はまだ試案の段階である。多くのご意見をいただくことでブラッシュアップしていくとともに，今後の知財教育の研究・実践の道しるべとなれば幸いである。

（村松浩幸）

注
1)　三重大学（2007）「初等・中等教育における知財教育手法の研究報告書」『大学知財研究推進事業』pp.123-129
2)　野中陽一編（2010）『教育の情報化と著作権教育』三省堂
3)　国立教育政策研究所（2012）「情報モラル教育実践ガイダンス」 http://www.nier.go.jp/kaihatsu/jouhoumoral/index.html（2012/12/22最終確認）
4)　国立教育政策研究所（2010）『生きるための知識と技能4 ―OECD生徒の学習到達度調査（PISA）―』2009年調査国際結果報告書，明石書店
5)　文部科学省（2010）「小学校，中学校，高等学校及び特別支援学校等における児童生徒の学習評価及び指導要録の改善等について」（通知） http://www.mext.go.jp/b_menu/hakusho/nc/1292898.htm（2012/12/22最終確認）

7.2 小学校段階における知財教育のポイント

■1. 小学校における知財教育の考え方

小学校における知財教育は，2つに分類できる。1つは著作権にかかわる内容，もう1つは創造性にかかわる内容である。特に，小学校という発達段階からも，意欲を持って創造的な活動ができることや課題に対し多様なアイデアを発想できる等，知財のベースとなる創造性を育成することが重要であろう。

著作権については，小学校段階で扱うようになってきている。例えば，2008年告示の小学校学習指導要領の国語[1]においては，3・4年生の学習内容として引用の方法や出典を明示することが示されている。さらに5・6年生では，引用の量など，より詳しい内容も示されている。また，現在，小学校段階でも扱うようになっていた情報モラルの内容として，総則では知財権など，情報には自他の権利があることを考えさせることや，道徳において法の決まりや法の遵守について扱うことが示されている。

小学校段階においては，以上のように創造性の育成と著作権が大きな内容である。しかし，ここで「模倣をどう考えるか」という，知財教育を考える上で大きなテーマが浮かび上がる。権利の教育の中では，「マネをしてはいけない」ことは重要になる。しかし，すべての知財は模倣なしに生み出すことは不可能であることは言うまでもない。そのバランスを発達段階に合わせてどのように取っていくのかが，特に小学校段階から中学校段階にかけての大きな課題であろう。そのためには，著作権を単なる権利としてとらえるのではなく，創造性を高め，みんながより良いものをつくり出すための仕組みや考え方としてとらえることが必要であると考える。例えば，お互いの作品

の良さを認め合ったり，学び合ったりすることを通し，友達の作品やアイデアを大切にする気持ちが持てることをまず出発点とする。そして，その上に創造的な活動の中で友だちの作品やアイデアを大切にできるようになれば，中学校段階以降の本格的な知財教育へとつなげていけるのではないだろうか。

■2．小学校段階における知財教育実践のポイント

　前述のように，小学校段階では，創造性をベースにして著作権を扱い，知財教育の基礎となる部分をつくっていくことが必要である。そのためにも，各教科の取り組みの中に体験的な学習として知財を埋め込んでいくことを考えたい。小学校の学校現場においては，お互いの作品の良さを認め合ったり，学び合ったりすることは一般的に行われている。また，最近は，授業の中での学び合いも重視されている。こうした学習に知財の内容を無理なく埋め込んでいくことが，小学校段階での知財教育実践のポイントになろう。その際に，情報モラルとの関連および創造性との関連づけも重要である。

　第3章で紹介した実践例は，どれも小学校段階で知財の学習に本格的に取り組んだ実践である。著作権については事例にあるように，コンテンツ制作の体験的な学習活動の中で入れていくことは有効であろう。そこからリーフレット制作実践のように，商標を扱いながら，つくり手の立場を意識させることも創造性と知財をつなぐポイントではないだろうか。また，絵本で発明・特許の仕組みを学ぶなど，適切な教材の活用により，従来の小学校実践では扱いきれなかった内容を実践化することも可能であると考える。

　以上のように，創造性を高める体験的な活動を中心に，発達段階に配慮しながら知財につなげていくことで，小学校段階における知財教育の展開を進めていくことを意識したい。

（村松浩幸）

注
1)　文部科学省（2008）「第2章各教科第1節国語」『小学校学習指導要領』

7.3 中学校段階における知財教育のポイント

■1. 中学校の学習指導要領と知財教育の関連

従来、中学校では、技術科において著作権の学習は設定されていたが、2008年告示の学習指導要領では、複数の教科において著作権のみならず、知財あるいは知財権の表記がなされるようになっている。このように、中学校段階では、知財の学習を関連教科の中に組み込みやすくなってきていると言えるであろう。

■2. 中学校段階における知財教育実践のポイント

学習指導要領にみられるように、複数の教科において知財が記述されることとなった。こうした流れを受け、検定教科書においても知財の記述が増えてきている。特に、知財全体を広くカバーしている技術科の検定教科書においては、著作権において違法ファイルのダウンロードなどの新しい内容や、

表7-3 2008年告示中学校学習指導要領における知財関連の記載

教科	2　内容の取扱いと指導上の配慮事項
技術	(5) すべての内容において、技術にかかわる倫理観や新しい発想を生み出し活用しようとする態度(知的財産を創造・活用しようとする態度)が育成されるようにするものとする。 (1) 情報通信ネットワークと情報モラルの内容として著作権も扱う。
音楽	ウ　音楽に関する知的財産権について、必要に応じて触れるようにすること。
美術	(5) 美術に関する知的財産権や肖像権などについて配慮し、自己や他者の創造物等を尊重する態度の形成を図るようにすること。

出典：文部科学省（2008）「第2章各教科第8節技術・家庭」『中学校学習指導要領』
　　　文部科学省（2008）「第2章各教科第5節音楽」『小学校学習指導要領』
　　　文部科学省（2008）「第2章各教科第6節美術」『小学校学習指導要領』

より詳しい解説も扱う一方産業財産権の分類や関連内容の記載も充実してきている。これらを踏まえると中学校段階では，学習指導要領に記載がある技術，音楽，美術を軸にしながら，総合的な学習の時間，国語，社会等でも関連させていくことで知財教育が実践できると考えられる。

　具体的には，各教科ともに，小学校段階でも扱われている著作権の学習や扱いは，著作権法などにもふれながら，より深めていくことが可能であろう。引用，著作物の利用については，上記教科のみならず，国語や社会，特別活動など，多くの教科で実践可能であるといえる。さらに，立体グリグリの実践（p.62）に見られるように，自身が著作権者であることを意識させ，共有したり，尊重したりすることを積極的に行う。

　産業財産権についても，特に技術科では具体的な扱いが可能である。D情報に関する技術では，著作権のみならず，産業財産権についての解説も教科書でなされている。ここから学習を展開することも可能である。また，アイデア発見（p.52）のように，言語活動と組み合わせ，アイデアを表現させる学習は，簡単にできることで応用が利き，論理的にアイデアを表現する力の基礎を育てられる。学習指導要領で重視されている言語活動をうまく活用することで，中学校段階においても実践的な学習が可能である。一方，総合的な学習も，以前より時数が少なくなったとはいえ，様々な展開が可能である。例えば，アントレプレナー実践のように。最近着目されているキャリア教育との連携は有効であろう。

　以上のように，学習指導要領改訂により，今まで以上に知財教育の実践が試みやすくなっていることをうまく活用し，様々な学習場面において知財教育の内容を埋め込んでいくことを意識したい。

（村松浩幸）

7.4 高校における知財教育のポイント

■1. 高校段階での知財教育の考え方

　知財教育は本来，創造と，その背中合わせの関係にある模倣について，児童・生徒の発達段階に即した学習指導を行うことによって，模倣から創造へのゆるやかな転換を図る知財教育の考え方の導入が重要である。

　高校段階は「知財リテラシー充実期」として位置づけられ，「わかる」から「できる」ことへの橋渡しを目標とする。中学校段階で知ったことがらを，単なる知識にとどまることなく，高校卒業後の具体的な進路に向けて，知的創造サイクルである知財の「創造」「保護・尊重」「活用」が「できる」ようにすることが重要である。ここで「保護」とは自者を守ることであり，「尊重」とは他者を守ることである。そのためには高校段階では，知的創造サイクルに即した「発明」「権利の保護・尊重」「商品開発」といった具体的な活動を念頭においた知財教育の展開が重要である。

　その場合，共通教科のみを学習する普通科高校と，共通教科と専門教科を共に学習する専門高校では，取り扱う教科・科目に差異が生ずるが，生徒の興味・意欲・関心に応じて，バランスを考えることが必要となる。

■2. 高校の学習指導要領と知財教育の関連

　従前の学習指導要領においても，高校の教科工業では「工業所有権」という言葉の記載があった。しかし実際に特許権を授業で扱う学校は限られてきた。また情報モラル教育の側面から，「著作権」についても学習の対象とされてきた。しかし多くの著作権教育は法解釈を学習するだけ，あるいは複製や模倣の違法性を指摘するといった学習が多く，こうした禁止教育では知の

創造や活用への発展は考えにくかった。すなわちこれまでは，工業所有権や著作権が断片的に授業に取り上げられることはあったが，知財政策の基盤にある知的創造サイクルを念頭においた，著作権と産業財産権を統合した知財教育が行われていたとは言えなかった。

新高校学習指導要領では，普通教科として芸術の各科目をはじめ，複数の専門教科で知財が取り上げられたことが特徴的である。普通教科では，芸術，情報，専門教科では，農業，工業，商業，水産，家庭，看護，情報，福祉，音楽，美術という，12の教科で何らかの形で知財の記載がある。情報関連の教科・科目では「著作権などの知的財産」といった記述がある。工業科では「工業技術基礎」で従前の「工業所有権を簡単に扱う」から「知的財産権について扱う」と変わった。商業科では「商品開発」で「知的財産の概要，取得」「知的財産の意義」とあり，また「経済活動と法」でも権利化について学習することになった。また，音楽や美術などの芸術科でも主として著作権を中心とした知財権について取り扱うこととなっている。

学習指導要領では，全体的に「著作権」を志向したもの，「産業財産権」を志向したもの，「知的財産」とだけ示しているものと分類することができ，教科・科目によって，知財の取りあげ方にバラツキがみられる。知的財産権とした場合，それは特許権や商標権などの産業財産権と著作権に大別されるほか，さらに種苗法による育成者権，回路配置利用権などの各種権利もあり，それが何を意味するのか，学習者も指導者もかえって混乱し，正しい理解が得られるとは限らないので，学校現場での学習指導の実際場面では，指導者が充分な知識を持ってあたることが要求される。

表7－4　高等学校学習指導要領における知財に関する記述

教科	科目	該当箇所	内容
芸術	音楽Ⅰ	内容の取扱い(8)	音楽に関する知的財産権などについて配慮し，著作物を尊重する態度の形成を図るようにする。
芸術	美術Ⅰ	内容の取扱い(6)	美術に関する知的財産権や肖像権などについて配慮し，自己や他者の著作物を尊重する態度の形成を図るようにする。
芸術	工芸Ⅰ	内容の取扱い(5)	工芸に関する知的財産権などについて配慮し自己や他者の著作物を尊重する態度の形成を図るようにする。

芸術	書道Ⅰ	内容の取扱い(6)	書に関する知的財産権などについて配慮し自己や他者の著作物を尊重する態度の形成を図るようにする。
情報	社会と情報	内容の取扱い(2)	［情報通信ネットワークの活用とコミュニケーション］情報の信憑性や著作権への配慮について自己評価させる活動を取り入れること。
情報	各教科にわたる指導計画の作成と内容の取扱い		各科目の指導においては，内容の全体を通じて，知的財産や個人情報の保護などの情報モラルの育成を図ること。
農業	農業情報処理	内容の取扱い(2)イ	［情報モラルとセキュリティ］個人のプライバシーや著作権などの知的財産の保護，収集した情報の管理，発信する情報に対する責任などの情報モラルおよび情報通信ネットワークシステムにおけるセキュリティ管理の重要性について扱うこと。
工業	工業技術基礎	内容の取扱い(2)ア	［人と技術］工業の各専門分野に関連する職業資格及び知的財産権についても扱うこと。
工業	情報技術基礎	内容の取扱い(2)ア	個人のプライバシーや著作権などの知的財産の保護，収集した情報の管理，発信する情報に対する責任などの情報モラルと情報セキュリティ管理の方法を扱うこと。
商業	商品開発	内容　2	(5)商品開発と知的財産 　ア　知的財産権の概要 　イ　知的財産権の取得
商業	商品開発	内容の取扱い(2)オ	［知的財産権の概要］商標権，意匠権および著作権の意義と概要を扱うこと。 ［知的財産権の取得］知的財産権を取得する方法を扱うこと。
商業	経済活動と法	内容　2	(2)権利義務と財産権 　ア　権利と義務 　イ　物件と債権 　ウ　知的財産権
商業	経済活動と法	内容の取扱い(2)イ	［知的財産権］知的財産権の保護と活用を扱うこと。
商業	電子商取引	内容の取扱い(2)ア	通信回線やインターネット接続サービスを提供する企業の役割および電子商取引にともなう個人情報や知的財産権の保護を扱うこと。
商業	情報処理	内容の取扱い(1)	具体的な事例を通して，個人のプライバシーや著作権など知的財産の保護，収集した情報の管理，発信する情報に対する責任などの情報モラルについて理解させること。
水産	海洋情報技術	内容の取扱い(2)イ	［情報モラルとセキュリティ］個人のプライバシーや著作権など知的財産の保護，収集した情報の管理，発信する情報に対する責任などの情報モラルおよび情報セキュリティ管理の重要性について扱うこと。
家庭	生活産業情報	内容の取扱い(2)イ	［情報モラル］個人のプライバシーや著作権など知的財産の保護，収集した情報の管理，発信する情報に対する責任などの情報モラルおよび情報セキュリティ管理の重要性について扱うこと。

看護	看護情報活用	内容の取扱い(2)イ	[情報モラルとセキュリティ] 個人のプライバシーや著作権など知的財産の保護，収集した情報の管理，発信する情報に対する責任などの情報モラルおよび情報セキュリティ管理の重要性について扱うこと。
情報	情報産業と社会	内容の取扱い(2)ウ	[情報産業と法規] 情報産業における情報や個人情報の保護，著作権など知的財産および情報セキュリティ対策にかかわる法規を扱い，法規を守ることの意義と重要性についても扱うこと。
情報	情報メディアの編集と表現	内容の取扱い(1)ア	学校や生徒の実態に応じて，適切なアプリケーションソフトウエアを選択し，実習を通してコンピュータによる表現メディアの処理にかかわる技法を著作権などの知的財産の取扱いにも留意して，習得させること。
情報	情報コンテンツ実習	内容の取扱い(2)ア	実習を通して，著作権などの知的財産の取扱いにも留意して，情報コンテンツを開発するための一連の作業を理解させること。
福祉	福祉情報活用	内容の取扱い(2)イ	[情報モラルとセキュリティ] 個人のプライバシーや著作権など知的財産の保護，収集した情報の管理，発信する情報に対する責任などの情報モラルおよび情報セキュリティ管理の重要性について扱うこと。
音楽	各教科にわたる指導計画の作成と内容の取扱い		音楽に関する知的財産権などについて配慮し，著作物を尊重する態度の形成を図るようにする。
美術	各教科にわたる指導計画の作成と内容の取扱い		美術に関する知的財産権などについて配慮し，著作物を尊重する態度の形成を図るようにする。

■3．留意点

　専門高校での知財教育は，2つの側面から留意する必要がある。工業，商業，農業などの専門高校を卒業し，就職する生徒は企業で即戦力として現場に立つが，その中には中小零細企業も少なくない。そこでは知財部や法務部が設置されているとは限らず，むしろ技術者や企業運営の一員として知財に関する正しい知識を習得しておくことは産業人の養成の観点からも重要である。また，専門高校から大学等の高等教育への進学者も増加している。基本的な知財の知識やそれに対する望ましい行動・態度の育成は，専門高校に限らず，あらゆる高校で基本的に学習しておくことが望まれるが，普通科高校での知財教育は，全国的にみても極めて少ない現状であり，専門高校から大学等に進んだ生徒が，知財についてのリーダーシップがとれるような心構えを身につける指導が望まれる。

（世良　清）

7.5 高専における知財教育のポイント

■1. 高専段階での知財教育の考え方

　高専では，本科5年・専攻科2年の7年間におよぶ就学期間が用意されている。中学校を卒業したばかりの15歳から，大学4年生に相当する22歳くらいまでの年齢層の若者に対して，学齢の発達段階に対応した，より実践的な知財教育を展開することが可能である。また，実践的な技術者を育成する高専では，知財教育の重要性は特に大きくなる。高専で育成するに関する知識・技術・態度の到達目標を明確に設定し，中学校から継続性した知財教育を低学年から実施し，学年進行によるレベルを設定することが必要となる。

　具体例として，低学年では，知財マインドが醸成できるように，実験等で先人・先達の発明等の追体験をすることや，技術者として身近にある製品の発明等を意識すること，実験や授業で作成するレポート等で著作権が生じることを学習する。高学年では，自分の専門分野に関する製品の産業財産権を学び，卒業研究で行っている研究の先行研究論文の検索や特許性について調査できるよう指導する。さらに，専攻科では，本科より高度な知財教育が必要となり，知財の創出と活用に重点を置く必要がある。高専では，創造性育成教育を実施していることから，創造性育成科目で知財教育を確実に実施することが有効である。さらに，正規授業以外でも，課外活動やロボットコンテスト等を活用することも有効である。

■2. 高専本科生に対する知財教育の進め方

　義務教育段階での知財教育が新学習指導要領の実施により，本格的に始動したため，義務教育で受けたであろう知財教育を前提にカリキュラムを編成

する必要がある。専門高校との比較において遜色のない知財教育を実施するには，低学年（1年～3年）に対して実施する知財教育では，高校学習指導要領を念頭に置いた知財教育を行う必要がある。また，国立高専機構で制定したモデルコアカリキュラム（試案）に記載されている知財教育の到達目標に沿った知財教育が必要である。

■3．専攻科における知財教育の進め方

　将来大学院に進学し，さらに研究を深めようとする学生もかなりの数に上る。専攻科において知財教育を行う場合には，大学院への進学を視野に入れた知財教育が必要となろう。具体的には，本科より高度化した特別研究の先行研究論文の検索や特許性について調査が実施できるようにすることやPBLを取り入れた知財教育や，特許明細書の書き方などを必修として取り扱うことである。また，知財マネジメントを指導することにより，より実践的な経営と技術の関係を修得することが可能となる。

■4．高専での著作権教育

　卒業後，企業等において，即戦力となる技術者を養成することが，高専の最も大きな社会的使命であるとすれば，著作権教育については，企業人としての著作権の保護と尊重を指導することが重要である。学生たちが大きな誤解をするのは，授業における著作物の利用が，学校という極めて例外的な場所でのみ認められているものであるにもかかわらず，学校で教わったものとして，職場で，学校の先生のように著作物を利用してしまうことである。著作権法上の例外規定について，その基本的な部分を，本科卒業までには，十分に理解させる必要がある。

■5．グローバルな感覚を持ったエンジニアの養成と知財教育

　技術は，当たり前のように国境を越えるものあるから，可能であれば，国際取引の中の「国際技術移転」や特許権の塊のような「プラント輸出」等にも触れると，知財の本質に対する理解を深められるとともに，エンジニアとしての一般的な素養も身につけることが可能となろう。（谷口牧子・本江哲行）

7.6 大学における知財教育のポイント

■1. 大学段階での知財教育の考え方

　大学段階（学部・大学院）の知財教育では，学生の発達段階（社会人学生は学習段階）と各専門分野を組み合わせた複数の教育内容を用意し，切れ目のない形で学生に提供することが重要である。大学段階でも，おおむね「知財を尊重する態度」「知財に関する知識・理解」「知財を意識した創造性」の三要素を踏まえた指導になるが，一定割合の受講生が将来的に知財専門職や高度で実践的な知財創造を担うことを前提に到達点を設定する必要がある。

　具体的な実施方法として，例えば学部入学当初は，新入生オリエンテーションや基礎セミナー等の時間を利用する。そこでは，将来の就業領域に対応した製品等に組み込まれた身近な発明や著作物等を教材に，学生が専門領域を学習する意識づけを兼ねた知財教育を実施する。学部専門教育段階では，開発系領域の学生を対象に，卒論における先行論文検索と併せて特許情報検索を通した先行技術の判断を課す指導，あるいは，他社開発動向を元に自身の研究戦略を考えさせる指導等が考えられる。同様に，社会科学系領域ではブランディングも含めた商品戦略立案，人文系領域においてはコンテンツ管理を組み合わせた指導がある。大学院段階でも，例えば，開発系領域の院生を対象に先行研究調査のみならず自己の研究ポジショニングから将来の研究戦略立案に至る高度な指導が考えられる。

■2. 大学段階での知財教育の進め方

　初等中等教育機関では，学習指導要領における知財の取り扱いが増え，知財教育の方向性や指導の根拠が固まりつつある。一方，大学においては，知

財教育のあり方や方向性を規律する明確な基準は存在せず，個々の大学あるいは教員に実施が委ねられている。知財教育に慣れた教員には魅力的な環境であるものの，社会的妥当性が担保された適切かつ普遍的な知財教育の実現には，今後の教育手法開発を含めた幅広い対応が必要である。

　過去の施策で，知財専門職や特定専門領域（医学，工学，教員養成等）用，あるいは全学生対象に提供（必修ではない）される知財教育開発は完了している。しかしながら，原稿執筆時点（2013年3月）では全学生必修となる体系的知財教育を取り入れた大学は存在しない。普遍的大学知財教育に対する社会的要請が顕在化する一方，全学生への網羅的な知財教育が普及していない理由として，①大学知財教育の目的や意義について全学的合意形成，②知財教育を誰が担当するか，③過密なカリキュラムへの知財教育組み込み，④専門教育の質的担保要求と歩調を合わせた知財教育開発，⑤共通教育用知財教育教材開発，⑥教育用特許検索システムの展開等に隘路があることを指摘したい。その解消には，実践編第6章第3～5節に示す従来の延長線上にある取り組みと新たなモデルの普及が必要である。

　なお，山口大学では平成25年4月から共通教育において知財教育の全学必修化（1単位8コマ）を実施する。科目名は「科学技術と社会［＊＊学部生のための知財入門］（※注＊＊は学部名）」であり，授業進行に伴って徐々に学生所属学部の専門性を取り入れる内容となっている。学部ごとのシラバスは山口大学大学教育センターHP「シラバス検索（認証不要）」から参照することができる。

■3．大学段階における知財教育実践のポイント

　学部入学から共通教育段階では，身近にある知財を教材に学習の意識づけや初歩的な創造性開発につながる指導を行う。学生の専門領域別に文理二系統の共通教育科目を設定するとより効果的である。また，表7－5に示す学生の専門領域に合わせた知財教育出口戦略（学部・大学院双方）を踏まえて，専門課程における知財教育を構成することが望ましい。

　知財教育のe-learning化，学生による本格的な特許分析を可能にする検索システムの提供も知財教育実質化の過程で必要であろう。

表7－5　専門教育到達点に合わせた体系的知財教育構築が必要

	教員養成系	総合教養系	人文系	社会科学系	開発系
既修得	各専門知識等	各専門知識等	各専門知識等	各専門知識等	各専門知識等
育成する能力	・知財情報等を活用して創造性や開発力を高める能力 ・知財知識を身につけて社会現象を総合的かつ高度に判断する能力 ・コンテンツ系，開発系知財初歩的マネジメント能力 ・教員として小中校生に知財教育を実施する能力	・知財情報等を活用して創造性や開発力を高める能力 ・知財知識を身につけて社会現象を総合的かつ高度に判断する能力 ・コンテンツ系，開発系知財初歩的マネジメント能力	・知財情報等を活用して創造性や開発力を高める能力 ・知財知識を身につけて社会現象を総合的かつ高度に判断する能力 ・コンテンツ系，開発系知財初歩的マネジメント能力（基本的契約実践力を含む）	・知財情報等を活用して創造性や開発力を高める能力 ・知財知識を身につけて社会現象を総合的かつ高度に判断する能力 ・コンテンツ系，開発系知財初歩的マネジメント能力 ・ブランド等の構築企画する能力 ・知財戦略を立案する能力	・知財情報等を活用して創造性や開発力を高める能力 ・知財知識を身につけて社会現象を総合的かつ高度に判断する能力 ・コンテンツ系，開発系知財初歩的マネジメント能力 ・研究開発局面で総合的知財戦略を立案し実践する能力
具体的人物像	・学習指導要領に基づく知財教育を主体的に実践かつ普及させる指導的な教員 ・知財を教材に社会の奥深さを伝達できる教員	・特許情報等を分析し，開発戦略を企画する管理者 ・自社のコンテンツ戦略企画管理者 ・マスコミ現場等での管理者	・マスコミ現場等で正しい知財知識による報道を指揮する管理者 ・出版業界等で，自社コンテンツ戦略を立案し実践するプロデューサー	・マスコミ現場等で正しい知財知識による報道を指揮する管理者 ・ブランド構築や自社知財戦略を立案するプロデューサー	・特許情報等を分析し，開発戦略を実践する技術者 ・自社知財戦略を立案実践するプロデューサーや最高技術責任者

（木村友久）

7.7 知財教育における知財取り扱いの留意点

■1．知財の取り扱いの留意点

　知財教育を進めていくと，中学校のロボット製作学習における模擬特許のように，実際の特許でなくても学習の中で様々な児童・生徒のアイデアを取り扱うことが出てくるであろう。その際は，著作物のように，オリジナルのアイデアをきちんと示させたり，相互のアイデアを尊重させたりする指導が重要である。こうした指導のベースになるのが，指導側の知財への意識の高さである。著作権を中心にしながらも，特許権などの産業財産権や知財全体へと意識を広げていくことが，今後は必要であろう。

■2．著作権の取り扱いの留意点

　西田は，著作権について，学校で教員が留意すべき場面として，①著作権について，児童・生徒に指導をする，②学習指導の中で著作物を利用する，③教職員の研修の中で著作物を利用する，④校務の中で，著作物を利用する，⑤直接の学習指導以外で，著作物を利用する，の5つに大別している（西田，2010）。

　①は，著作権についての指導であるので知財教育そのものである。②は，教員が児童・生徒に提示したり，配布したりするだけでなく，児童・生徒が調べ学習等で著作物を利用する場合も含まれる。ネットの利用が学校現場においても一般化した現在，特に留意が必要である。こうした学習活動と著作権については，文化庁の資料等も活用をしたい[2]。③は，教育センター等の事業として行われる研修会以外の校内研修やセミナーなどは，著作物の利用について許諾や引用などの対応が必要となる。また，④も学習活動外である

第7章　知財教育の理論的検討　173

ため，例外規定が適用されない。⑤には，例えば作品展への応募がある。児童・生徒の作品は，各個人の著作物であるために，教員が勝手に変更を加えることは問題が生じる。作品自体にも引用などの，他の著作物との関連がないか確認することも必要になる。また，作品展主催者側への作品の著作権譲渡についても，作品展毎に様々な規定があるので，応募時に応募規定での著作権の取り扱いについての確認をしておくことも必要である。

以上の点に加え，高専や大学になると，レポートが課されることが格段に増えてくる。その際に，特にネット上の文章をそのままコピー＆ペースト（いわゆるコピペ）に対する指導が不可欠である。

■3．産業財産権の取り扱いの留意点

(1) 小・中学校段階での留意点

小・中学校において産業財産権の実務にかかわる場面は多くはないと考えられる。しかし，小学生により特許権を取得した事例もあることから，小学生といえども素晴らしい発明を生み出す可能性がある。そこで，発明を対象にした発明コンクール等への応募について，一定の注意が必要になる。

具体的には，発明コンクール等への応募時に特許権・実用新案権・意匠権の出願を予定している場合は，応募前に特許庁へ出願手続きをしておく必要がある。なお，2011年の特許法改正に伴い，発明コンクールのみならず，集会・セミナー等で公開された発明，テレビ・ラジオ等で公開された発明についても，所定期間内ならば出願できるように，発明の新規性喪失の例外規定も改正された。もしコンクール後に出願に値するものであると判断された場合は，この規定を活用することも可能である。しかし，これはあくまでも例外であり，例えば，第三者が同じ発明について先に特許出願していた場合や先に公開していた場合には，特許権が付与されない点に注意が必要である。

(2) 高校・高専・大学段階での留意点

高校以上，特に専門高校などでは，特許庁に実際に出願する学習や，創出した発明などを出願する機会がある。権利者が誰になるのかは「職務発明」のような既定化したルールが未完成のため，学校や設置者によって様々であ

る。法人格を持たない公立学校は，条例によって設置者である都道府県知事あるいは市町村長となる場合や，学校を代表する形で校長個人となる場合，発明者の生徒個人となる場合がある。まだ，権利者をめぐった紛争は多くないが，学校での発明は，給与を得て職務に従事する「職務発明」とは異なる側面があり，知財教育での紛争防止のためには，学習上での発明である「学業発明」を明確化することが必要である。さらに，未成年の出願については，費用負担の軽減や個人情報の扱いに充分に留意することが必須である。

　高等教育機関における産業財産権の取り扱いについても，その基本的な指導上の留意点は，小・中・高校の生徒に対するものと同様である。

　大学や高専の学生たちが生み出すアイデアは，そのまま出願すれば，特許権や意匠権等を取得する価値のあるもの可能性が，義務教育段階の児童・生徒よりも多く，より高くなると思われる。したがって，その発明が学生単独のものであれば，その権利は学生に帰属することになるわけであるから，いわゆる，産業財産権の創出に直接かかわる機会の多い学部や学科に所属する学生に対しては，まず，正当な権利者としての意識の涵養が重要となろう。

　パテントコンテストやデザインパテントコンテストをはじめとする各種発明コンテスト等への参加機会も多くなるであろうし，ロボットコンテストへの参加，学会発表や研究論文の公表等，学生自身が考え出した発明等を公表する機会が増えることが予想される。改正された特許法第30条の新規性喪失の例外規定を，学生自身が自己の権利保護のために利用できるようになることが理想であるため，指導者は，特許法30条に言及して，自己の権利保護の方法を学ばせるべきである。また，実社会が目前に迫っている学生たちに，知的創造サイクルの意義や，ビジネスを進展させ，さらなる知財創出のための資金獲得につながるライセンス契約についても指導する必要があるだろう。

　高等教育機関に所属する学生であっても，未成年のうちは，権利の出願や権利の譲渡契約，ライセンス契約等において，学生たちが単独で法律行為ができない以上，指導者は，彼らの権利が侵害されることのないよう，十分な注意を払わなければならない。

（村松浩幸・世良　清・谷口牧子）

参考文献

西田光昭(2010)「第7章 教員が留意すべき著作権」『教育の情報化と著作権教育』三省堂,pp.42-47

これからの知財教育

これまでの各章で，知財教育の現状と先進的取り組み，そして知財教育の理論的検討とその方向性が議論されてきた。そこで本章では，これらの状況を踏まえ，これからの知財教育を考える上で重要であると考えられる３点について，本書の編集を行った日本知財学会知財教育分科会との関係を含め見て行き，最終章としたい。

■1．中国，韓国との知財教育の交流の推進

　まず，中国，韓国との知財教育の交流について取り上げたい。これは，第２章知財教育の動向で扱われている中国・韓国の知財教育とのさらなる連携が重要となるであろうと考えているからである。これらの国々は今後，我が国の産業のみならず種々の社会活動に相互に影響を与える国々であると同時に，特に知財が重要な意味を持つ国々である。そのためここでの連携とは，知財教育関係者の相互交流を通して，単に教育手法の交流のみならず，知財教育の相互理解を通じ，お互いの知財に対する考え方への理解を深めていくことを目指すべきものと考えている。なぜなら，知財に対する考え方の違いが，教育に強く反映されると同時に，この考え方の違いが国同士の種々の摩擦をうむ要因ともなるからである。この点が他の教育分野との違いでもあり，知財教育が社会的にも重要であると言える点でもある。もちろん知財人材育成の観点からも重要であり，日本知財学会および京都大学，東京大学が2009年11月に開催したアジア知財学術会議でも，「日米欧三極知財シンポジウムへのアカデミアからの提言」（東京大学政策ビジョン研究センター，2010）において「6．知財人材育成に関する国際協力・交流の展開」として，「知的財産制度に関する国際協力の基盤として，知財人材の育成に関する国際協力・交流を展開すべきである。具体的には，アジア等における知財教育実践の国際交流，知財教育学に関する国際的な研究交流を行う」とあり，知財教育の交流の推進が期待されている状況である。

　そこで，これまでの具体的な交流について見てみることにする。まず日中間であるが，特に三重大学教育学部の松岡，世良らの中国知財教育に関する

調査研究（世良，2010）や，現在積極的に推進している，内蒙古師範大学（松岡・吉日，2010）や重慶大学との連携が挙げられる。このうちの重慶大学との交流の発展形として，2013年に中国・重慶大学で開催される予定である「知財人材育成国際シンポジウム―知財人材と企業管理」では，日中両国における今までの知財教育の実施状況，およびこれからの知財教育の方向性，知財教育における産学連携が議論される予定で，上記の知財教育の相互理解に関し，最適な場となると考えられる。そのため知財教育分科会としても連携，推進，活用していきたいと考えている。

韓国との交流については，高校，特に専門高校において教員同士の交流が進められている。韓国では，特に中等教育で韓国特許庁主導により各種の先端的試みがなされており（ナム，2011），日本における知財教育の展開の上で非常に参考にもなるものと考えられ，今後交流を通じてこれらの担当者との意見交換や情報交換がなされることが期待される。そのことにより，わが国における知財教育の活性化も進むものと考えられる。

■2．知財教育を担う人材の育成

知財教育を考える上で重要なものとして，「知財教育を担う人材」の養成について簡単に事例の紹介をし，さらにこれからを考えてみたい。

小学校，中学校での知財教育の展開においては教員養成系学部における，あるいは教員志望者に対する知財教育が重要となるであろう。これに関しては第2章第4節で紹介のあった山口大学における展開や，三重大学，大阪教育大学での実施例があるが，他の教員養成系学部においては，教員養成において重要であると思われる著作権に関してさえも，情報関係の授業で少し「紹介」される程度で，知財教育とは程遠いのが現状である。知財分科会としては，今後教員養成系学部の教員の方々の参加を促し，知財教育に関心を持ってもらいたいと考えている。

現職教員に関しては，一般の教員研修企画と教員免許状更新講習での実施が考えられる。これらについては，それぞれ信州大学での例と三重大学での実施例について，簡単に紹介する。まず，信州大学教育学部で行われた「体験的知財学習の指導法を学ぶ教員研修」について紹介したい（村松・森山，

2011)。これは,中学校技術科教員対象に行われたもので,知財の指導法について考える機会として設定されたものであった。

研修は,ワークショップ形式で,図8－1のような流れで行われた。特に技術における言葉の重要性を伝えるとともに,アイデア表現技法を学ぶ演習として,身近な製品として,缶のフタから発見したアイデアを「課題」「手段」「効果」

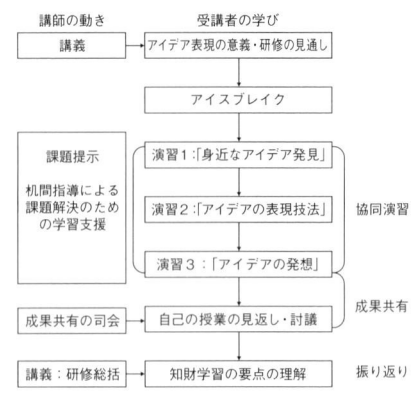

図8－1　研修プログラムの流れ

の3つで表現する演習が設定された。それぞれ図8－2,8－3のようなカードに記入してもらい,何人かに発表してもらい,成果を共有するものであった。研修後の調査では,この様な体験的知財学習のイメージが持て,体験的知財学習の指導に一定の自信を持てたことが確認されており,その有効性が示された。

平成21年度から導入された教員免許更新制は,目的として「その時々で教

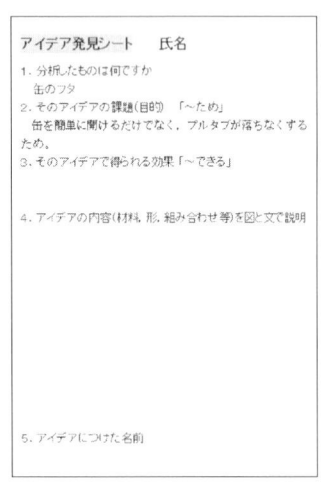

図8－2　アイデア発見シート　　図8－3　アイデア発想シート

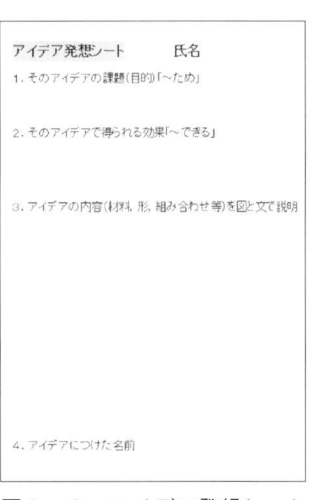

員として必要な資質能力が保持されるよう，定期的に最新の知識技能を身につけることで，教員が自信と誇りを持って教壇に立ち，社会の尊敬と信頼を得ることを目指すものです」[1] とある。現代社会においてますます重要視されながら，これまでの研修では取り上げられることが少なかった知財および知財教育を教員免許状更新講習で取り上げることは，教員免許更新制の目的とも一致するものである。そこで三重大学では，6時間講習の「学校と知的財産」を教員免許状更新講習の教科指導，生徒指導その他教育の充実に関する事項として，小学校・中学校・高校および特別支援学校教諭に提供している。実際これらのすべての校種からの受講があり，関心の高さを示している。内容は，「教師は2つの意味で知的財産の取り扱いについて基礎知識を身に付けておく必要がある。1つは学校業務遂行上で，配布物やホームページ開設等の際の著作権問題であり，もう1つは知的財産を教える上のもので，著作権だけでなく特許等の産業財産権を教える上での知識が求められる。本講習では知的財産の取り扱いについて留意すべき事柄を，具体例を挙げて示す」となっており，まさしく現代の教員に求められる資質の提供を目指すものとなっている。具体的な講習内容は，

　 9：00 ～ 10：00　 1．概要説明，著作権
　10：30 ～ 11：50　 2．産業財産権
　13：00 ～ 14：20　 3．発想，申請書作成
　14：30 ～ 15：50　 4．知財教育の動向

であり，特に3．発想，申請書作成のところで，短いながらも受講者に発想をしてもらい，それに基づき申請資料を作成することで，発明は楽しいことを実感してもらうことを特徴としている。

　受講者への事前アンケートでは，「教育現場における著作権の問題がややこしい部分もあり，実際に困ることもある」等，やはり著作権に関する希望が多かったようである。ただやはり関心は，「どこまでが大丈夫でどこからはだめなのか具体的に聞きたい」や「小中学校の現場の教員がどの程度の違反行為をおかしているかについて認識できる内容を中心に進めてほしい」などの，だめかだめでないか，違反か違反でないか，といった点のみに関心が強く，著作権，あるいは知財権制度そのものに関する関心ではないようであっ

た。そのため，上記の発想に関する内容は，受講生（教員）に発明や著作物への関心を高め，さらには制度への関心・理解を高める上でも有効であると思われる。実際，特に中学校までの教員にとって創造，工夫と言う言葉は学校現場では良く出てくるが，実際に発明につながるアイデア発想を協同学習的に行ったことは，とても新鮮であったようである。この様な教員免許状更新講習が広く他大学等でもなされることが重要であり，今後知財教育分科会でも，このことについて検討をしていきたいと考えている。具体的には，基本講習テキストの様なものを作成し，基本内容と，各大学での特色を出せる部分とに分けて一般化し，知財学会会員所属の各大学で，実施してもらいやすくすることなどが考えられる。

■3. 知財教育のネットワーク形成

　学習指導要領における知財教育としては，世良（2012）がまとめたように，普通科の科目として情報や美術等で，主として著作権を触れる様にはなってきているが，一般の児童，生徒が特許等の知財の本質を学べる機会に乏しいのが現状である。しかしながら，現代社会の学習指導要領では，「現代社会について，倫理，社会，文化，政治，法，経済，国際社会など多様な角度から理解させるとともに，自己とのかかわりに着目して，現代社会に生きる人間としての在り方生き方について考察させる」とあり，この場面で「知財」が出てこないのが不思議ではある。今後，これらの観点と結びついた教材の開発も必要であり，公民科へのさらなる展開が望まれる。また，知財と結びやすいと思われる理科や公民・社会科の先生方にもっと知財や知財教育の現状を知ってもらうことも必要であり，これもまた知財教育分科会の課題であると認識している。

　これまで述べてきた知財教育を考える上での2つの重要な点でも，上記の点でも，知財教育の推進・普及には，やはり教育を担う人材の養成とともに育成（つまり育てること）が重要であると考えている。そのためには，知財教育に関係する人たちのネットワーク化が重要であり，このことが本書の編集を行った日本知財学会知財教育分科会の重要な使命であると，幹事一同認識している。そのためこの知財教育分科会は，単に学会の一分科会であると

いうのみならず，資料２．知財教育分科会にもあるように，全国各地のユニークな知財教育・実践を掘り起こし，ネットワーク化を図るため，設置以来，年間４回の知財教育研究会を全国で巡回開催し，情報を共有して来ている。2013年１月現在，すでにその開催数は25回を数え，全国縦断も実現している。研究会での発表者も，小学校，中学校，高校，高専，大学教員，さらには企業人までおり，本当に知財教育にかかわるすべての人たちが発表，討論しているという非常にユニークな活動となっている。他の教科教育では，どうしても理論的側面になる大学教員と実践主体となる学校教員とに分かれてしまいがちであるが，本分科会では大学教員も，学校現場の状況を考慮しながら実践・研究を行っており，上記の様に幅広い方々が参加しやすい環境で，横（地域間），縦（学校種間）のネットワークを広げている。知財教育に関心のある本書の読者の方々も，是非参加していただきたい。知財教育分科会のメーリングリストに参加して頂ければ，種々の情報が入手出来るようになっており，下記のアドレスまで連絡いただけると幸いである。

日本知財学会事務局　E-MAIL : office@ipaj.org

　最後に，これからの知財教育を考える上で，「人材育成」と「教育」の関係を改めて指摘しておきたい。つまり「教育」は人間形成にかかわる行為であり，「人材育成」の基礎部分の形成を行うものであるということである。したがって，知財教育は知財人材育成の基礎を担うことになり，知財立国の要は「知財教育」であるともいえる。そこで知財にかかわる様々な分野の方に，この本を通じて，知財教育の重要性を理解し，知財教育に関心を持っていただけたら幸いである。この原稿を書いているときに，第46回衆院総選挙が行われ，政権政党が変わることになった。このことが知財や知財教育にどの様な影響を与えるのか，知財教育分科会一同，期待も込めて注視していきたい。

（片桐昌直）

注
1)　文部科学省　教育免許更新制の概要　http://www.mext.go.jp/a_menu/shotou/koushin/001/1316077.htm（2012/12/28最終確認）

参考文献

東京大学政策ビジョン研究センター（2010）「アジア知財学術会議開催報告書」http://pari.u-tokyo.ac.jp/event/report/smp_rep091112_AIPC.pdf（2012/12/28最終確認）

世良清（2010）「中国の知財教育の動向―日中の知財教育の連携可能性に向けた基礎的考察―」愛知淑徳大学『現代社会研究科研究報告』第5号，pp.159-169 http://www2.aasa.ac.jp/graduate/gsscs/reports01/PDF/05-012.pdf（2012/12/28最終確認）

松岡守・吉日嘎拉（2010）「日本"制物教育"及知识产权教育」（日本のものづくり教育と知的財産教育），内蒙古師範大学学報（教育科学版），内蒙古師範大学，第23巻第4期，pp.148-150

ナム・ホヒョン（2011）「韓国における知的財産教育の傾向」『パテント』第64巻14号，pp.25-39　http://www.jpaa.or.jp/activity/publication/patent/patent-library/patent-lib/201111/jpaapatent201111_025-039.pdf　（2012/12/28最終確認）

村松浩幸・森山潤（2011）「体験的知財学習に関する技術科教員研修プログラムの開発」信州大学『教育学部研究論集』第4号，pp.191-201

世良清（2012）「新学習指導要領と知的財産―知財教育研究の発展に向けて―」『IPマネジメントレビュー』第5号，pp.14-22

資料　知財教育関連文献・資料リスト

● 1．知財教育の政策に関する文献・資料
- 知的財産戦略本部：知的財産推進計画2012　http://www.kantei.go.jp/jp/singi/titeki2/kettei/chizaikeikaku2012.pdf（2013/02/10最終確認）
- 知的創造サイクル専門調査会（2006）「知的財産人材育成総合戦略」

● 2．知財教育の実践に関する文献・資料
(1) 大学関係の取り組み
- 三重大学（2008）「現代的教育ニーズ取り組み支援プログラム（現代GP）全学的な知的財産創出プログラムの展開」
- 三重大学（2006）「大学における知的財産教育研究，平成17年度特許庁受託研究報告書」
- 東海大学（2005）「平成16年度『大学における知的財産教育研究』報告書」
- 大阪教育大学（2005）「平成16年度『大学における知的財産教育研究』報告書」
- 大阪教育大学（2007）「現代的教育ニーズ取り組み支援プログラム（現代GP）知財教育のできる教員養成システムの構築」
- 京都教育大学（2008）「現代的教育ニーズ取り組み支援プログラム（現代GP）知的財産創造・活用力を育成する教員の養成」
- 三重大学（2008）「平成19年度大学知財研究推進事業　初等・中等教育における知財教育手法の研究報告書」
- 山口大学（2007）「大学における知的財産教育研究，平成18年度特許受託研究報告書」
- 山口大学（2009）「知的財産教育教本第1版—教職を目指す学生への実践的知財教育の展開—」（小中高関係の取り組み）
- 東海大学知的財産教育テキスト編集委員会（2008）「出る杭を伸ばせ！—明日を変える創造性教育—」，発明協会

(2) その他
- ㈳発明協会（2006）「IPカルチャー指導事例集」
- ㈰工業所有権情報研修館：産業財産権テキスト・教育用副読本等について，(2009) http://www.inpit.go.jp/jinzai/educate/kyouzai/（2010/06/10最終確認）

● 3．海外の知財教育に関する文献・資料
- ㈳日本国際知的財産保護協会（2002）「第3章調査結果—各国別状況—米国，各国工業所有権教育の実態調査」，平成13年度特許庁委託工業所有権制度各国

比較調査研究等事業報告書
- 横浜国立大学教育人間科学部（2009）「『学校の教育活動と著作権』に関する海外調査報告書」，英国における著作権教育カリキュラム，教材等に関する調査研究
- 松岡守（2005）「海外の知的財産教育の調査と協力研究の試み」，平成16年度受託研究大学における知的財産教育研究報告書，三重大学教育学部
- 三菱UFJリサーチ&コンサルティング㈱（2012）「平成23年度今後の知的財産人材育成教材等のあり方に関する調査研究報告書」

● 4．創造性育成に関する文献・資料――――
- 松本金寿編著（1973）「わが国における創造性研究に関する諸文献—1973年7月現在—」，日本文化科学社
- 村上幸雄（1988）「創造研究の国際動向」『創造性研究と測定』共立出版，pp.159-200
- 高橋誠編（2002）『新編創造力事典—日本人の創造力を開発する—』日科技連出版社
- 孫媛・井上俊哉（2003）「創造性に関する心理学的研究の動向」『NII journal』第5巻，pp.65-73
- 比嘉佑典（2005）「日本の創造性教育」弓野憲一編著『世界の創造性教育』ナカニシヤ出版

● 5．著作権教育に関する文献・資料――――
- 文部科学省（2002）「情報教育の実践と学校の情報化—新『情報教育に関する手引き』—」，p.22　http://www.mext.go.jp/a_menu/shotou/zyouhou/ 020706.htm（2010/06/10最終確認）
- 国立教育政策研究所「情報モラル教育実践ガイダンス」http://www.nier.go.jp/kaihatsu/jouhoumoral/index.html（2012/09/27最終確認）
- 野中陽一編（2010）『教育の情報化と著作権教育』，三省堂
- 辰巳丈夫・原田康也（1998）「初等中等教育における情報倫理教育のあり方について」『情報処理学会研究報告．コンピュータと教育研究会報告』第98巻第102号，pp.33-40
- 児玉晴男（2002）「情報教育における著作権と情報倫理」『電子情報通信学会技術研究報告．SITE，技術と社会・倫理』第102巻第367号，pp.17-22

日本知財学会知財教育分科会

　日本知財学会は知財を生み出す研究者やそれを利用する企業の経営者が中心になって，ニーズ指向の知財学を振興するため2002年10月に設立され，幅広い層の知財に関心を持つ関係者に参加を求め，科学技術やコンテンツにかかる創造，保護，活用について，法律，経済，経営，国際関係論など学際領域を中心に研究活動を振興していくことを目指している。学会には，知財人材育成研究，産学連携・イノベーション，ライフサイエンス，知財会計・経営，知財教育，アジア知財・イノベーション，知財学ゼミナール，ビジネスと知的資産・知財法研究，コンテンツ・マネジメント，3Dコンテンツ，デザイン・ブランド戦略分科会の11の分科会があり（2013年1月現在），知財教育分科会はその1つとして，技術者教育，産業教育，起業家教育あるいは教員養成などの今日の教育に求められる新しい側面を多く取り入れ，初等中等教育段階を含めた，専門家養成に捕らわれない知財教育の普及推進を目的に，教育学の研究者のほか，学校現場の教職員や生涯学習・社会教育などに携わる人々の連携を深め，わが国の知財教育の発展を目指している。分科会の構成員は，知財人材育成や知財教育に造詣の深い研究者や教育実践者を中心に100名を超えている。

　知財教育分科会は，学会設立から5年を経た2007年2月に，松岡，片桐，岡田，世良の4名が発起人となって，学会理事の井口とによって，政策研究大学院大学でのキックオフミーティングで産声を上げた。それまでの知財学会には知財教育という研究領域は存在しなかった。年次学術発表会でも，知財教育に関する研究報告のセッションは存在せず，人材育成セッションの片隅で細々と息づいていた。知財人材育成と知財教育は，知財を人々に知らしめるという共通面はある。しかし，その対象は知財の専門家や高度な知財オペレーションを担当する者を対象とするのか，それとも広く，あらゆる人々に知財意識を醸成する教育する者を対象にするのか，大きな差異がある。人材育成セッションの中に紛れ込んだ知財教育に関する研究・実践報告は，聴取者多数の興味と関心を得て，それが分科会の設置の原動力になった。以降，篭原，木村，谷口，本江，村松らが幹事に加わり，毎年2月には年間報告と計画立案する会を持ち，その際，幹事から推薦のあった分科会員を新たに幹事の就任を依頼し，総勢17名の理事・幹事によって，分科会運営がなされている。理事・幹事は，北海道・東北地区から九州・沖縄地区までくまなく分布していることが特徴である。

　分科会の活動は，全国各地のユニークな知財教育・実践を掘り起こし，ネットワーク化を図るため，設置以来，年間4回の知財教育研究会を全国で巡回開催することと，年次学術研究発表会とで情報を共有しネットワーク構築を図り，知財教育の確

立を進めてきた。

　2012年9月現在，すでに24回を数える知財教育研究会は，本年度の九州と四国での開催により全国縦断を完全実現し，さらに2010年度からは，新たに全国3回の知財教育セミナーを開催してきた。前者が学術的な教育研究を主体としているのに対して，後者は学校現場の一般教職員や教職を目指す学生を主対象とし，学校や地域での知財教育を広く普及推進することを目的としている。知財教育の方法や教材など，毎回，特定のテーマに絞ってセミナーを開催し，専門家から講演や実習や実技なども交え，知財教育の普及を図っている。

　年次学術研究発表会の分科会セッションは，これまでパネルディスカッションとラウンドテーブルを交互に実施してきた。パネルディスカッションは優れた実績をお持ちの皆様にご意見ご提案いただき，これらをフロアで共有するとともに，ラウンドテーブルでは，参加者が同じテーブルについて議論を深め，課題解決に向けて，今後の方向性を見定めるものとして位置づけている。2011年度は，中国と韓国からのパネラを迎え，「アジア知財教育ネットワークの構築に向けて」をテーマに，意見交換を通して今後の展望を図ることができた。今後は国内にとどまらず，国境を越えて中国や韓国などアジアを中心に海外諸国との教育ベースで連携を進め，研究交流体制を築き国際的なネットワークの中で知財教育のリーダーシップを発揮することを目指している。12年度は，ラウンドテーブル「知財教育とは何か。何が問題か。」を共通認識に持って，参加者全員で討議を行う。

　日本では，文部科学省によって告示された中学校と高等学校の新しい学習指導要領で，知的財産の記述がなされ，日本は知財教育の新しい一歩を踏み出しつつある。こうして，知財教育分科会は，今後も，日本全国各地の学校教育や地域での知財教育の優れた教育研究や教育実践を相互に情報共有し，普及推進を図ることを目指したい。

【知財教育研究会研究・実践発表一覧】

● 第1回知財教育研究会（2007.2.3／政策研究大学院大学）
「知財教育の必要性—産学連携・共同研究，発明の権利化，利益相反—」井口泰孝（八戸高専）
「小学校における絵本を用いた知財（発明・発見）啓蒙教育」西村由希子（東京大学）
● 第2回知財教育研究会（2008.3.4／三重大学）
（三重大学の現代／知財教育GPとの合同企画）

「デジタルアーキビストの養成―文化情報の創造，保護，管理，流通利用を支援する―」谷口知司（岐阜女子大学）

「『天下の飴』を中心とする商品開発における知財教育」加藤千景（愛知県立岡崎商業高等学校）

「中学校技術・家庭科における知財学習の実践と展開」村松浩幸（三重大学）

「ベールマークを用いた特許実践の検証と報告」宮間敬（四日市市立港中学校）

「全学的な知的財産創出プログラムの展開」松岡守（三重大学）

●第3回知財教育研究会（2007.5.26／東北大学）

「発明クラブと起業教育の融合」渡邊忠彦（仙台市教育委員）

「平成18年度現代的教育ニーズ取組支援プログラム（現代GP）「早期創造性教育と知財教育の連携と統合」への取組について」伊藤昌彦（宮城工業高専）

「学校教育等における発明創造技法等の活用」松原幸夫（新潟大学）

「商業高校における商品開発を通した知財教育の実践と展望」世良清（三重県立四日市商業高等学校）

●第4回知財教育研究会（2007.9.29／大阪教育大学）

「中校総合的な学習における知的財産教育の構想と実践―わたしたちが考えた防災・震災グッズ―」植田恭子（大阪市立昭和中学校　前任校天王寺中学校）

「発想能力教育とアイデアマラソンの提案」樋口健夫（アイデアマラソン研究所）

「帝塚山大学法政策学部・研究科における知的財産教育」小柴昌也（帝塚山大学）

「知的教育のための感性価値創造授業の提案と実践」小林意（大阪教育大学大学院　教育学研究科　技術教育専攻），山本勇（大阪教育大学）

「情報系学部における知財教育の位置」砂金伸一（山本秀策特許事務所）

「大阪教育大学における知的財産教育の現状」片桐昌直（大阪教育大学）

●第5回知財教育研究会（2007.11.10／山口大学）

「我が国の知的財産戦略と人材育成」平岩正一（内閣官房知的財産戦略推進事務局）

「日本弁理士会の知財教育の支援活動紹介」井上春季（日本弁理士会知的財産支援センター）

「日本及び諸外国における標準化教育の現状／慶應義塾大学DMC機構における標準化人材育成プロジェクトの試みと実践」上條由紀子（慶應義塾大学デジタルメディア・コンテンツ統合研究機構）

「創造性を育む「知的財産教育」の実践」満丸浩（鹿児島県立加治木工業高等学校）

「今治工業高校における知的財産教育」内藤善文（愛媛県立今治工業高等学校）

「島原農業高校における知的財産教育」陳内秀樹（長崎県島原農業高等学校）

「高校における知的財産教育の課題と展望」篭原裕明（福岡県小倉工業高等学校）
「０ベースからの知財力強化教育」島野哲郎（宇部興産株式会社知的財産部）
「学習指導要領の目標と内容に沿った知財教育」木村友久（山口大学大学院技術経営研究科）
「理工学系学生向け実戦的知的財産教育」堤宏守（山口大学大学院医学系研究科）

●第６回知財教育研究会（2008.2.2／政策研究大学院大学）
「中学校技術科における知的財産権学習のためのDVD教材の開発と評価」勝浦莉津子（三重大学教育学部）
「アントレプレナーシップ教育（起業育成教育）における中学生のことばの力の変容」高橋薫（お茶の水女子大学），村松浩幸（信州大学），金隆子（米沢市立南原中学校），金俊次（米沢市立第七中学校），村岡明（㈱ジャストシステム），椿本弥生（東京工業大学），堀田龍也（メディア教育開発センター）

●第７回知財教育研究会（2008.5.31／信州大学）
「富山高専での知財マインド醸成のための取組」本江哲行（富山工業高等専門学校）
「アイデアポイント制による知財学習の教育効果」土田恭博（中高・飯水技術・家庭科教育研究会）

●第８回知財教育研究会（2008.9.20／琉球大学）
「OKINAWAN DREAMS」宮里大八（琉球大学産学官連携機構・沖縄TLO）
「技術職員から見た知財教育」伊藤通子（富山工業高等専門学校）
「どきどきわくわく私だけの財産」高良貴美子（那覇市立大名小学校）
「知財教育に係わる本学科（工業化学科）の取組状況」知念豊孝（沖縄県立沖縄工業高等学校）
「琉球大学の知的財産」小野寺徳郎（琉球大学産学官連携機構）

●第９回知財教育研究会（2008.11.24／椙山女学園大学）
「実践的な知財教育として学生が進める商店街活性化活動」加藤実里（椙山女学園大学現代マネジメント学部）
「日本弁理士会東海支部の教育支援活動」松浦喜多男（日本弁理士会東海支部教育機関支援機構）
「奇跡のフルーツ"カクメロ"の創出と知財教育実践の課題」加藤俊樹（愛知県立渥美農業高等学校）
「知財教育を推進するための課題の整理」世良清（三重県立四日市商業高等学校）

●第10回知財教育研究会（2009.2.1／弁理士会館）
「中学校技術科の授業で利用できる知的財産教育題材集の提案」加納範昭（大阪

教育大学大学院技術教育専攻),山本勇(大阪教育大学技術教育講座)
「重慶知識産権学院の事例を通して見た中国知的財産教育の現状」陳愛華(重慶大学)
「知的財産権入門講座の実践と課題」波多江茂樹(港湾職業能力開発短期大学校横浜校)
「旭川高専における知財教育の試み―北海道のパテントデバイド解消を目指して―」谷口牧子(旭川工業高等専門学校一般人文科)
「特許庁の知財教育研究の経緯」安井寿儀(特許庁総務部企画調査課)
「新しい高等学校学習指導要領案を検討する―知財教育の観点から―」世良清(三重県立四日市商業高等学校)

● 第11回知財教育研究会 (2009.5.23 ／パレブラン高志会館)
「富山高専における知財教育の現状と課題」本江哲行(富山工業高等専門学校)
「富山県の中学校での知財教育の取組」干場耕太郎(氷見市立南部中学校)
「TEPIA知的財産国際交流会議の報告」松岡守(三重大学)
「鈴鹿高専における知財教育の取り組み」兼松秀行(鈴鹿工業高等専門学校)

● 第12回知財教育研究会 (2009.9.27 ／旭川工業高等専門学校)
「発明のライフサイクルに応じた教育方法」土田義之(旭川工業高等専門学校)
「中国におけるものづくり教育と知財教育の現状」JIRIGALA(中国内蒙古師範大学(三重大学外国人研究員),松岡守(三重大学),吉岡利浩(三重県津市立久居中学校),張偉(内蒙古師範大学),呼力雅格其(内蒙古師範大学),王文梅(中国呼和浩特市教研室)

● 第13回知財教育研究会 (2009.11.22 ／くらしき作陽大学)
「商標を活用した名古屋市桜山商店街の活性化の背景と学生の活動」岡田広司(椙山女学園大学現代マネジメント学部)
「法教育という新しい視点での商業教育における知的財産教育」福岡明広(岡山県立倉敷鷲羽高等学校)
「島原農業高校における知財教育の実践―科目への導入と課外における農高・工高・地域連携―」陳内秀樹(長崎県立島原農業高等学校)
「高校における知財教育と期待するもの」篭原裕明(前福岡県立小倉工業高等学校)
「日米欧三極知的財産シンポジウムとアジア知財学術会議の報告」松岡守(三重大学)

● 第14回知財教育研究会 (2010.1.30 ／コラボ産学官　in TOKYO)
「中学校技術科におけるクリエイター視点に立った知的財産学習の実践」土田恭

博（長野県中野市立中野平中学校）

「高専低学年の知財教育に関する諸問題」谷口牧子（旭川工業高等専門学校）

「地場産品を活用した『名古屋の地域ブランド』の創生に向けての調査報告」世良清（三重県立四日市商業高等学校）

●第15回知財教育研究会（2010.5.29／三重大学）

「四日市のブランドとまちづくり」小林万甫子・阪本敦美・高尾亜梨紗（三重県立四日市商業高等学校生徒），世良清（三重県立津商業高等学校）

「大阪教育大学，知財GP，その後の知財教育について」片桐昌直（大阪教育大学）

「"高校・高専の知財教育の事例集"の制作の取り組み」篭原裕明（前福岡県立小倉工業高等学校）

「技術科における協同学習法を導入した創造性を伸ばす指導法」吉岡利浩（津市立久居中学校）

●第16回知財教育研究会（2010.9.25／八戸工業高等専門学校）

「旭川高専発明研究会の活動と今後の課題」長嶋啓太（旭川工業高等専門学校専攻科応用化学専攻２年）

「仙台高専における創造性教育と知財教育の連携について—名取キャンパスの取組状況を中心として—」伊藤昌彦（仙台高等専門学校）

「発明工夫プリントの分析と今後の課題」藤田光幸（青森県八戸市立下長中学校）

「パペットロボットの製作と発表会—技術と家庭の本格コラボによる幼稚園訪問—」下山大（青森県八戸市立東中学校）

第17回知財教育研究会（2010.11.6／大阪教育大学）

「中国における労働技術教育の動向—中国と日本が相互に学ぶこと—」単玉梅（三重大学教育学部研究生），小林万甫子（三重県立四日市商業高等学校生徒），松岡守（三重大学），JIRIGALA（内蒙古師範大学），世良清（三重県立津商業高等学校）

「知的財産管理技能検定１級コンテンツ専門業務と高校，高専の学生向け知財に関する新検定制度」近藤泰祐（知的財産教育協会）

「知財教育におけるシナリオ型ゲームの活用」村松浩幸（信州大学）

第18回知財教育研究会（2011.2.27／玉川大学）

「企業における知的財産教育—A社の初心者向け知財教育の事例発表—」中村良治（㈱ニフコ知的財産部兼人事部教育センター）

「子供たちの特許出願疑似体験を通じた社会性の体得」廣田浩一（山の手総合研究所）

「弁理士会の小中高支援活動」岩永勇二（平田国際特許事務所）

「『知的財産推進計画』にみる知財教育の動向」世良清（三重県立津商業高等学校）

●第19回知財教育研究会（2011.5.15 ／山口大学大学院技術経営研究科福岡教室）

「博物館と学校教育の連携における知財教育知的財産教育」甲斐麻純（三重大学大学院教育学研究科），松岡守（三重大学）

「小学校における工夫を要するものづくりと連携させた知的財産教育」田中宏貴（三重大学教育学部），松岡守（三重大学）

「学部1，2年次生のプロジェクト学習型の科目における知財教育」松石正克（金沢工業大学）

「中国内モンゴル訪問での日本の知財教育を含めたロボット製作学習の紹介」吉岡利浩（津市立久居中学校）

「中国の知的財産に関する教育のテキスト（初級編）について」片桐昌直（大阪教育大学），張栩（Ko CHO）（大阪教育大学自然研究）

「九州内の専門高校における知財教育の現状」篭原裕明（全国知財創造教育研究会），古谷浩伸（福岡県立小倉工業高等学校），安藤新（指宿市立指宿商業高等学校），陣内秀樹（長崎県立島原農業高等学校）

●第20回知財教育研究会（2011.9.17 ／名古屋市立大学）

「生物多様COP10と知財：発展途上国における人材育成の課題」香坂玲（名古屋市立大学）

「高校生ものづくりコンテスト作品製作によるものづくりへの意義」小林万甫子（三重大学教育学部），世良清（三重県立津商業高等学校），松岡守（三重大学）

「知財関係者の知っておきたいリスク管理—研究現場での発明者認定問題と研究者を守る研究ノートの正しい活用法—」佐田洋一郎（山口大学）

「地域の商店街を活性化するマーケティングイノベーション—桜山商店街の事例—」岡田広司（椙山女学園大学）

●第21回知財教育研究会（2011.11.20 ／西条産業情報支援センター）

「特許公報有効活用による技術知識習得—既存知識から新技術アイデア発想へ—」牧野逸夫（北陸先端科学技術大学院大学）

「ツーステップアイデア発想方法」上田育弘（BFベストフレンド国際特許商標事務所）

「本校における知財教育の実践—平成23年度知的財産に関する創造力・実践力開発推進事業に参加して—」徳永憲三（大阪府立農芸高等学校）

「地域の子どもたちの創造性を育む教育の模索—知財を教材とした実践事例と提案—」内藤善文（愛媛県立東予高等学校）

「日本弁理士会パテント原稿『知財教育の現状と今後の動向』執筆報告」井口泰孝，世良清，松岡守，村松浩幸，篦原裕明，本江哲行，谷口牧子，木村友久，岡田広司，片桐昌直（知財教育分科会幹事）

● 第22回知財教育研究会（2012.1.21／放送大学）

「東工大での理工系大学院生への研究者目線の特許論　文等知財講義の実践例」吉本護（東京工業大学大学院総合理工学研究科）

「知的財産管理技能検定のご案内」近藤泰祐（知的財産教育協会）

「知財教育研究会での研究・実践発表に見る知財教育の進展（続報）」世良清（三重県立津商業高等学校）

● 第23回知財教育研究会（2012.7.1／東北工業大学一番町ロビー）

「ネット情報を利用した実践的知財教育の事例紹介」木村友久（山口大学）

「特許制度から学ぶ発展へのアプローチ―発明保護の観点から―」牧野逸夫（北陸先端科学技術大学院大学）

「ものづくり教育の過程の中での不適合・問題点発見からの発明を見出す学生・教員一体の知財教育」小杉淳（釧路工業高等専門学校），土田義之（苫小牧工業高等専門学校）

「イノベーション志向型コーチングの可能性」貝原　巳樹雄（一関工業高等専門学校）

「知財教育―被災地からの発信―」油谷弘毅（宮城県水産高等学校），渡部剛実（宮城県農業高等学校）

「研究者の知財マインド―長期にわたる製品開発―」渡部順一（東北工業大学）

● 第24回知財教育研究会（2012.9.30／三重県立津商業高等学校）

「プレス装置を具体例とした出願から権利化まで」上田育弘（ベストフレンド国際特許商標事務所）

「いい商標がうかんだら，製品にしよう！」水谷節子（うかりゃーせ）

「特許等の出願時における未成年者をめぐる諸問題」谷口牧子（旭川工業高等専門学校）

「ロボット製作において省エネを意識させた中学生Jr.特許実践の紹介」村松浩幸（信州大学）

「日中韓における知財教育交流（速報）」世良清（三重県立津商業高等学校），松岡守（三重大学），小林万甫子（三重大学教育学部），錦秀（三重大学大学院教育学研究科）

● 第25回知財教育研究会（2013.1.27／オリンピック記念青少年センター）

「日中知財教育国際ワークショップ開催に向けて」廖氷（Liao Bing）（重慶大学経済与工商管理学院　副院長・副教授），紀暁麗（Ji Xiaoli）（重慶大学経済与工商管理学院・教授），陳愛華（Chen Aihua）（重慶大学経済与工商管理学院・講師）
「知財教育東海大学モデル―幼稚園のTIP―WEEKから知財オリンピックまで―」角田政芳（東海大学）
「大学における知財教育必修化の課題と対策」木村友久（山口大学）
「高専におけるパテントコンテスト・デザインパテントコンテストの意義―クラブ活動を中心に―」小山内達哉・高橋良太（旭川工業高等専門学校学生），谷口牧子（旭川工業高等専門学校）
「知財経営教育の在り方に関する一考察―RBSの開講科目「知的財産論」を素材に―」張輝（立教大学大学院ビジネスデザイン研究科）
「中国の児童・生徒向け知的財産教育テキスト内容構成」錦秀（三重大学大学院教育学研究科院生），世良清（三重県立津商業高等学校），松岡守（三重大学）

(2013.1.現在)

(1)	理事		井口泰孝（弘前大学）
(2)	幹事代表		片桐昌直（大阪教育大学）
(3)	副代表		谷口牧子（旭川工業高等専門学校） 村松浩幸（信州大学）
(4)	幹事	北海道・東北地区	谷口牧子（旭川工業高等専門学校）（再掲） 渡部順一（東北工業大学）
		関東甲信越地区	井上春季（日本弁理士会） 村松浩幸（信州大学）（再掲） 本江哲行（富山高等専門学校） 黒田　潔（玉川大学） 角田政芳（東海大学）
		東海北陸地区	松岡　守（三重大学） 岡田広司（椙山女学園大学） 世良　清（三重県立津商業高等学校）
		関西地区	片桐昌直（大阪教育大学）（再掲）
		中国・四国地区	木村友久（山口大学） 内藤善文（愛媛県立東予高等学校）
		九州・沖縄地区	宮里大八（沖縄TLO／琉球大学） 篭原裕明（全国知財・創造教育研究会）
		海外	陳　愛華（中国・重慶大学）
(5)	事務局	事務局長	世良　清（三重県立津商業高等学校）（再掲）
		事務局員	渥美勇輝（鈴鹿市立鈴峰中学校）

（世良　清）

あとがき

「十年偉大なり，二十年畏るべし，三十年にして歴史になる」。よく引用される中国の格言である。2000年の工業高校向けの実験協力校事業から始まり，日本知財学会知財教育分科会発足前後から，現在的な意味での知財教育が本格化していった。知財教育の一般的なイメージは，特許取得や発明かと思われるが，本書で紹介したような多様な実践がこの間に展開されてきている。各実践を概観するにつき，実践された先生方の思いや工夫が強く感じられる。この約10年の間に，知財教育は急速に進展してきたといえるだろう。

ここで今一度，知財を教育することの意味を振り返ってみたい。知財教育の根本は，第4章にも紹介されている「先人・先達への敬意」であると考える。先人・先達の知財という知恵の蓄積により，今日の社会がある。そうした知恵の蓄積に感謝し，敬意を持つとともに，先人・先達を乗り越える新たな知恵を生み出すことこそが，先人・先達への真の敬意の表し方であろう。これは，人類が蓄積してきた文化への敬意を持たせながら，新たな文化創出の担い手としての子どもたちを育てるという，教育の根本にもかかわるのではないだろうか。私たち自身も含め，知財教育にかかわる皆様には，ぜひこうした大きな視野で知財教育をとらえ，自信を持って知財教育を進めていただきたいと願う。

本書は，「はじめに」で述べたように，本学会の知財教育分科会メンバーが中心となり，まとめあげてきた。「三十年にして歴史になる」べく，これからも学校現場と研究側が一体となって知財教育の実践・研究を進めていきたいと考える。本書が，こうした知財教育の推進の一助になれば，こんな嬉しいことはない。

最後に，出版事情厳しいなか，本書の出版を快く引き受けてくださった白桃書房ならびに，面倒な編集作業をしていただき，様々な相談にも乗っていただいた編集部の平千枝子氏に感謝したい。

2013年3月1日

編者・執筆者を代表して　村松　浩幸

索 引

【あ 行】

EPA　25
EPO　25
e-learning　18, 22, 143, 171
ICReaTM　25
アイデア発見シート　52, 55, 59, 180
アイデアマラソン　149, 150
英才教育振興法　22
絵本教材　30

【か 行】

KJ法　81, 99, 102, 113
開発推進校事業　11
観点別評価　158
起業家教育　26
技術・アイディアコンテスト　100
技術者倫理　17
キャリア教育　163
教員免許状更新講習　179, 181, 182
言語活動　52, 163

【さ 行】

JASRAC　43, 144
シークエンス　154
実験協力校事業　11, 12
職務発明　174, 175
浸透教育　20
推進協力校事業　6
スコープ　154
製造物責任法　135, 136

全国中学生科学技術創新成果展　20, 21
全日本学生児童発明くふう展　7, 9
創造性教育　18, 26

【た 行】

THINK kit　25
知財絵本　30
知財マインド　2, 16, 128, 148, 168
知財マネジメント　20, 169
知的財産基本法　6, 12, 95
知的財産戦略本部　6, 95
知的創造サイクル　6, 18, 103, 132, 164, 165, 175
挑戦杯　21
著作権教育研究協力校　6
デザインパテントコンテスト　7, 14, 125, 175
特許明細書　52, 136, 169

【な 行】

内閣知的財産戦略会議　6
内的起業家精神　18, 74
日本弁理士会　7, 9

【は 行】

ProjectXL　25
バーサモデル　18, 26
発明英才学級　22
パテントコンテスト　7, 14, 17, 100, 175

百・千・万の知的財産人材プロジェクト　20
不正競争防止法　135, 149
ブレインストーミング　81, 85, 99, 113, 125

【ま　行】

マインドマップ　81, 113
模擬特許　10, 173

【や　行】

U-learning　22
USPTO　24
USPTO Kid's page　25

【ら　行】

ロボットコンテスト　10, 17, 168, 175

日本知財学会知財教育分科会編集委員会

顧 問・監 修：	井口　泰孝（弘前大学）
編 集 委 員 長：	村松　浩幸（信州大学）
編集副委員長：	片桐　昌直（大阪教育大学）
編集(執筆)委員：	篭原　裕明（全国知財・創造教育研究会）
	木村　友久（山口大学）
	谷口　牧子（旭川工業高等専門学校）
	本江　哲行（富山高等専門学校）
	松岡　守　（三重大学）
事務局・編集(執筆)委員：	世良　清　（三重県立津商業高等学校）
執筆者：	安藤　新　（指宿市立指宿商業高等学校）
	影山　知美（津山市立弥生小学校）
	笠井　貴伸（東海大学付属第五高等学校）
	川俣　純　（つくば市立竹園東中学校）
	黒坂　俊介（岩見沢市立第二小学校）
	佐藤　公敏（北海道立教育研究所附属情報処理教育センター）
	陳内　秀樹（長崎県立島原農業高等学校）
	内藤　善文（愛媛県立新居浜工業高等学校）
	中野　輝良（岐阜県立大垣養老高等学校）
	西村由希子（東京大学）
	長谷川元洋（金城学院大学）
	満丸　浩　（鹿児島県立鹿児島工業高等学校）
	山口　治　（龍ヶ崎市立愛宕中学校）
	吉岡　利浩（津市立一身田中学校）

※五十音順

上記所属は，2013年4月現在のものです。

一般社団法人日本知財学会の紹介

日本知財学会は知財を生み出す研究者やそれを利用する企業の経営者が中心になって，ニーズ指向の知財学を振興するため平成14年10月に設立された学会です。

幅広い層の知財に関心を持つ関係者に参加を求め，科学技術やコンテンツにかかる創造，保護，活用について，法律，経済，経営，国際関係論など学際領域を中心に研究活動を振興していくことを目指しています。

詳しくは日本知財学会のWEBサイトをご覧ください。
(http://www.ipaj.org/)

知財教育の実践と理論
―小・中・高・大での知財教育の展開―

発行日──2013年6月6日　初版発行　〈検印省略〉

編　者──日本知財学会知財教育分科会編集委員会
発行者──大矢栄一郎
発行所──株式会社　白桃書房
　　　　　〒101-0021　東京都千代田区外神田5-1-15
　　　　　☎03-3836-4781　℻03-3836-9570　振替00100-4-20192
　　　　　http://www.hakutou.co.jp/

印刷・製本──藤原印刷

© Intellectual Property Association of Japan　2013　Printed in Japan
ISBN978-4-561-24614-5　C3037

本書のコピー，スキャン，デジタル化等の無断複製は著作権法上での例外を除き禁じられています。本書を代行業者等の第三者に依頼してスキャンやデジタル化することは，たとえ個人や家庭内の利用であっても著作権法上認められておりません。

JCOPY ＜(社)出版者著作権管理機構　委託出版物＞
本書の無断複写は著作権法上での例外を除き禁じられています。複写される場合は，そのつど事前に，(社)出版者著作権管理機構（電話 03-3513-6969，FAX 03-3513-6979，e-mail: info@jcopy.or.jp）の許諾を得てください。

落丁本・乱丁本はおとりかえいたします。

好 評 書

隅藏康一編著
知的財産政策とマネジメント　　　　本体価格3800円
―公共性と知的財産権の最適バランスをめぐって―

石井康之著
知的財産の経済・経営分析入門　　　　本体価格3800円
―特許技術・研究開発の経済的・経営的価値評価―

佐藤辰彦著
発明の保護と市場優位　　　　本体価格3800円
―プロパテントからプロイノベーションへ―

渡部俊也著
イノベーターの知財マネジメント　　　　本体価格4000円
―「技術の生まれる瞬間」から「オープンイノベーションの収益化」まで―

渡部俊也編　　　　東京大学知的資産経営総括寄付講座シリーズ
ビジネスモデルイノベーション　　　　本体価格2500円
グローバルビジネス戦略　　　　本体価格2500円
イノベーションシステムとしての大学と人材　　　　本体価格2500円

東京 白桃書房 神田

本広告の価格は本体価格です。別途消費税が加算されます。